세상의 온도

홍기원의 여의도 탐구생활

홍기원이 보고 겪고 느낀 세상의 뜨거움과 차가움,
열정과 냉정 사이의 우리들

들어가는 글

홍기원의
여의도 탐구생활

경제관료로 그리고 외교관으로 평생을 공직에 몸담고 있다가 '정치발전과 국가발전에 기여하겠다'는 소박한 마음으로 정치에 입문했습니다. 감사하게도 많은 분들의 도움에 운이 더해져 첫 번째 도전에서 승리할 수 있었습니다. 그렇게 국회의원으로 일하게 된 지 어느덧 3년이 훌쩍 넘었습니다. 정치에 들어오기 전에는 국외자로서 정치를 평가하고 투표만 하면 되었지만, 이제는 말 한마디 행동 하나하나 국민의 냉정한 평가를 받는 위치가 되어 늘 국민을 두려워하는 마음으로 임하고 있습니다.

2023년 8월, 국회와 대한민국 정치에 대한 국민의 시선을 생각하면 부끄러워서 차마 얼굴을 들지 못할 지경입니다. 코로나19로 긴 고통의 시간을 보냈지만, 서민의 하루하루는 더 힘들어지고 있는 것이 현실입니다. 이럴 때일수록 국민에게 희망을 주고 비전을 제시해야 할 정치가 제 역할을 하기는커녕, 불신과 냉소의 대상이 되는 신세를 면하지 못하고 있습니다.

정치는 흔히 '말로 하는 싸움의 장'이라고 합니다. 국가발전을 위한 철학과 가치를 공유하는 사람들이 모여 정당을 만들고, 말과 정책으로 다른 정당과 경쟁하여 국민의 선택을 받고자 노력하는 모습이 정치라고 할 수 있습니다. 이러한 과정을 통해서 상호 간에 생각의 차이를 줄이고 타협하면서 국민통합을 이뤄나가는 것이 정치의 본령이라고 믿습니다.

타협과 통합은 상대에 대한 인정과 존중이 전제되어야 합니다. 상대를 인정하지 않는다면 타협은 불가능합니다. '너는 틀리고 내가 맞다', '너는 악이고 나는 선이다'라는 전제 아래서는 대화 자체가 성립되지 않기 때문입니다. 지금의 우리 정치에 가장 부족한 것은 '상대에 대한 존중'이라고 생각합니다. 정치가 상대를 존중하지 않고 죽기 살기로 싸움만 하니 국민도 대립하고 갈라지는 것 같아 몹시 안타깝고, 죄송할 따름입니다. 우리나라는 이제 세계 10위권의 국력을 갖춘 나라입니다. 반도체, 노래, 영화, 드라마 등에 'K-'가 붙으면 국제사회에서 엄지 척으로 인정받는 선진국이 되고 있습니다. 정치와 정치인의 각성, 분발이 더욱 요구되는 이유입니다. 동트기 직전이 가장 어둡다는 말처럼, 지금의 대립과 갈등이 향후 성큼 앞으로 나아가는 밑거름이 될 수 있기를 간절하게 소망합니다. 저도 이를 앞당기기 위해서 최선의 노력을 다하겠다는 다짐을 해봅니다.

들어가는 글

이제 국민의 대표로 일하는 위치에 들어섰으니, 저에 대해서 국민에게 알리는 것도 공적 책임의 일부분이라는 생각으로 책을 썼습니다. 아마도 정치를 하지 않았다면 저에 대한 책을 쓰는 일은 없었을 겁니다. 평소 책을 낼 정도의 스토리나 역량도 턱없이 부족하다 생각해왔고, 저에 대한 이야기를 남에게 알리는 것에 대한 두려움을 굳이 감수할 필요가 없었으니까요.

그러나 김대중, 노무현, 문재인 전 대통령 등 제가 '제대로' 알게 된 정치인들도 책을 통해서였습니다. 사람을 '깊이' 알면 그 사람의 정책과 정치에 대하여 더 잘 이해할 수 있게 될 것입니다. 이 책 또한 마찬가지입니다. 홍기원은 어떤 사람이고, 어떤 일을 해왔고, 어떤 생각으로 일하고 있는지를 알리는 것은 저를 뽑아주신 시민들에 대한, 또한 국민에 대한 예의일 수 있겠다는 생각을 합니다.

책을 쓰는 일은 저를 돌아보는 과정이기도 했습니다. 책을 쓰는 동안 흐릿했던 과거의 일들을 되살려보기도 하고, 부족했던 점들을 돌이켜보는 계기도 되었습니다. '시민과 국민만 바라보고 열심히 하겠습니다', 정치인으로서 했던 저의 약속을 다시 한번 다짐해 봅니다.

홍기원

목차

1장 첫선거의 온도
진심과 좌충우돌

2009년 5월 23일, 그리고 이후 10
평범한 평택시민, 국회의원 도전을 결심하다 15
왜 민주당인가 19
해볼 만하다 26
후회할지도 모르는 일 29
사사롭지만 중요한 것 33
이스탄불이라고요? 36
이스탄불에서 보낸 1년 40
불안은 영혼을 잠식한다 45
세상에 쉬운 일은 없다 50
비전1동이 들어왔다고요? 53
3년, '겸손'을 배운 시간들 59

2장 정치의 온도
냉탕과 열탕

21대 국회의원 당선, 내가 잘해서 되었을까? 66
민주당의 나아갈 길 73
정책통이 되겠다는 결심 77
아파트값을 잡고 싶었는데…… 82
우리 너무 막 나가는 거 아닌가요? 85
번갯불에 콩을 볶았더니…… 88
'검수완박' 해설 94
'2차 검수완박', 또 번갯불에 콩을 볶았더니……! 97
문자폭탄 103

목차

3장 생각의 온도
정치, 북한, 그리고 외교

- 가짜평화라고요? 108
- 정말 진정성이 있다면 112
- '디커플링' 아니고 '디리스킹'이랍니다 119
- '절반의 물잔', 일본을 이해하는 훈련? 125

4장 정책의 온도
법률안, 공약, 그리고 평택

- 우등생보다 개근생 130
- 국민을 반으로 나누는 대통령의 법률안 거부권 139
- 귀를 기울였더니 복을 받았습니다 144
- 끙~ 법 하나 만드는 데 1년 6개월씩이나! 148
- 43.5%, 이게 뭐지? 154
- 평택시민들의 여망, GTX-A · C 156
- 평택지원특별법과 고덕국제화계획지구 159
- 정책과 정치의 관계 171

세상의 온도

5장
인생의 온도 1
공직생활

제가 매사에 조금 늦습니다. 180
다른 사람 벌 주는 일, 정말 못하겠더군요 184
공정거래위원회, 재정경제원, 그리고 외교부 188
WTO와는 인연이 없나 봅니다. 192
일본 찍고, 중국으로 195
드디어, 외교관으로 해외 무대 데뷔 200
중국, 제대로 알아야 합니다. 205
냉탕에서 만나 '노짱' 210
FTA와 지도자의 안목(眼目) 214
내일을 알 수 없다. 220

6장
인생의 온도 2
이렇게 자랐습니다

두 분의 아버지 226
어머니, 묵묵히 곁을 지켜준 어른 231
고요했던, 혹은 조금 쓸쓸했던 10대 234
철드는 것도 조금 늦게 240

세상의
온도

1장
첫선거의 온도
진심과 좌충우돌

첫선거의 온도

2009년 5월 23일, 그리고 이후

나이 들수록 인생이 강물을 닮았다는 생각을 합니다. 처음부터 끝까지 일직선으로 흘러 바다에 닿는 강은 없으니까요. 좌우로 굽이쳐 흐르다 좁고 깊은 계곡을 만나 급류가 되기도 하고 낭떠러지에 닿으면 폭포가 되어 곤두박질치기도 합니다. 우리들의 인생이 대개 그렇습니다.

저런 강물처럼 삶의 흐름이 크게 굽이칠 때를 인생의 변곡점이라고 합니다. 개인적인 고난을 겪기도 하고 현실을 새롭게 깨닫는 '현타(현실 자각 타임)'를 경험하기도 하지요. 살아가면서 큰 변곡점을 겪은 사람은 그 이전과 이후에 삶의 방향이 달라지는 경우도 많습니다.

저에게 삶의 가장 큰 변곡점의 시기는 2009년 5월 23일부터였고, 장소는 광화문 광장이었습니다. 저는 그때 광장과 지척이었던 외교부 청사에서 근무하고 있었습니다. 그곳에서는 광화문 일대가 한눈에 내다보였습니다.

노무현 대통령의 빈소가 차려진 광장은 이른 아침부터 밤늦게까지 사람들로 발 디딜 틈이 없었지요. '노짱'을 상징하는 노란색의 리본과 만장과 깃발과 현수막이 노란 개나리처럼 광장을 물들였습니다. 5월의 봄볕은 화창했어도 광장은 비통과 울분, 한숨과 눈물로 가득 채워졌습니다. 장례가 치러질 때까지 빈소를 찾는 인파는 줄어들 기미가 없었지요. 몇 시간씩 기다려 조문을 마친 사람들은 쉽게 자리를 뜨지 못했습니다.

비통한 심정은 조문객들뿐만이 아니었습니다. 이명박 정부 소속의 공무원 신분이라 드러내놓고 슬퍼할 수 없었지만 저나 동료들의 심정도 광장을 쉽게 떠나지 못하는 그분들과 다르지 않았습니다. 아무리 '모난 돌'이었다 하더라도 전직 대통령을 퇴임 1년여 만에 죽음으로 내몰았던 현실을 도무지 받아들일 수가 없었습니다.

노무현 대통령의 참여정부 5년 동안 가장 주도적으로 일했던 곳 중의 하나가 외교부였습니다. 이라크 파병, 한-미 FTA, 남북정상회담 등의 굵직한 외교적 현안이 추진되었지요. 하나같이 대한민국을 들썩였던 이슈였습니다. 특히 대통령께서 '동북아 중심국가'라는 외교안보 목표를 제시했기 때문에 외교부 전직원이 열심이었습니다. 당시 저는 FTA무역규범과장으로 야근이 일상이었습니다. 한 - EU FTA 등 한국과 세계 각국 간 FTA 협상이 한창이었습니다.

저는 소탈하고 서민적인 노무현 대통령의 풍모가 참 좋았습니다. 그래서인지 몰라도 지지자들이 대통령을 '노짱'이라며 친근한 호칭으로 부르는 것도 자연스러워 보였습니다.

물론, 노짱이 대통령이 되는 과정 자체가 많은 국민들에게 신선한 충격이었습니다. 권위적인 구체제(앙시앙레짐 : Ancien régime)가 물러가고 새로운 체제, 새로운 시대가 열릴 거라는 기대가 컸습니다. 그래서 그의 죽음이 명백한 정치보복이라는 비판이나, '칼잡이' 검사들의 미필적 고의에

첫선거의 온도

의한 살인과 다름없다는 지적에 공감하는 분들도 많았지요.

저도 그런 사람들 중 하나였습니다. 아니, 노짱과의 개인적인 인연이 있던 저이기에 더욱 그렇습니다. 노짱이 대한민국 대통령으로서는 처음으로 루마니아를 국빈 방문한 당시, 루마니아 한국대사관의 실무자로 대통령의 의전과 일정을 수행하면서 그분의 인간적 풍모까지 곁에서 지켜볼 수 있었으니까요.

그랬던 제가 비명에 가신 노짱의 빈소와 조문을 위해 줄을 잇는 시민들을 바라보는 심정은 착잡함을 넘어서는 어떤 것이었습니다. 노무현 대통령의 서거를 두고 누구는 정치가 비정하다고 점잖게 말했지만 저는 당시의 보수 정권이 아주 비열하다고 생각했습니다. 한 인간을 모욕하고 비루하게 만들기 위해 모든 권력을 동원하는 것은 비정함을 넘어 비열한 짓이지요. 최소한의 절차적 민주주의는 확립되어 있다고 여겼던 우리나라가, 더욱이 공권력의 상징이라는 검찰이 저토록 비열할 수 있다는 게 너무 충격이었습니다.

故 노무현 전 대통령 운구행렬

누구나 알다시피 노짱의 삶 자체가 드라마라고 할 수 있지요. 17대 대선 투표일 전날 밤, 대학시절의 같은 과 동문들과 고대 앞에서 모임을 하다가 정몽준 씨의 노무현 후보 지지 철회 소식을 듣고 울분을 토하던 일이 생생하게 떠올랐습니다. 할 수만 있다면 무슨 일이라도 하고 싶었던 그날이었습니다. 그리고 다음 날의 극적인 선거 승리를 기억합니다. 마치 제가 당선이라도 된 듯한, 그 엄청난 감정의 고양을 지금도 생생하게 느낄 수 있습니다. 노짱은 그렇게 지지자들의 속을 태우면서 대통령이 되었고, 그 마지막도 지지자들의 가슴을 저미는 대통령이 되었습니다.

노짱의 죽음은 저에게 큰 숙제를 안겨주었습니다. 세상이 이렇게 모순으로 가득 차 있고 권력은 저토록 비열한데 나는 무엇을 할 것인가……. 어떤 삶을 살아야 할 것인가…….

그날 이후 저는 본격적으로 인간 노무현을 공부하기 시작했고, 김대중이라는 걸출한 정치인의 역정과 정책을 붙잡고 밤이 깊도록 읽고 오래 생각에 잠기는 일이 많아졌습니다. 그렇게 마주한 정치의 온도는 얼음장처럼 차가웠지만, 제 마음속에는 작은 불씨가 심어졌던 것 같습니다. 그리고 그 불씨는 10년이 넘도록 꺼지지 않고 자리를 지켰습니다.

그로부터 11년이 지나 저는 민주당 소속의 국회의원이 되었습니다. 보수 정당의 지지세가 강한 지역에서, 무슨 계시라도 받은 것처럼 말이지요. 노짱이 목숨을 던져 당시 권력의 부조리를 드러내지 않았더라면 저는 외교관으로서 무난하게 정년을 채웠을지도 모릅니다. 연금을 받으면서 편안하게 지내는 노후를 준비하고 있었을지도 모릅니다.

첫선거의 온도

2009년 5월, 마흔다섯에 비열한 정치를 목격하며 제 안에 작은 불티가 하나 타오르기 시작한 것 같습니다. 당시에는 그것이 구체적으로 무엇인지 잘 몰랐습니다. 마음 한 귀퉁이에 작게 자리 잡아서 그랬던 모양입니다. 그 작은 불티가 심지에 닿아 활활 타오를 때까지는 더 많은 시간이 필요했습니다.

평범한 평택시민, 국회의원 도전을 결심하다

때는 2016년 12월, 한 해가 저물어 가던 어느 날 고등학교 동기들과의 조촐한 송년회 자리였습니다.

"그래, 그동안 생각은 좀 해봤냐?"

서울에서 좀 규모가 되는 IT 회사를 경영하는 동창생이 은근한 말투로 물었습니다.

"뭘 말이야?"

"지난번에 내가 얘기했던 거."

"아, 그거? 장난으로 한 말 아니었어?"

불과 며칠 전 그 친구가 했던 말이 떠올랐습니다. 제가 초중고를 모두 졸업한 평택에서 정치를 해볼 생각이 없느냐는 말이었습니다. 그런데 저로서는 터무니도 없는 얘기여서 진지하게 받아들이지 않았는데, 이날 송년회 자리에서 다시 한번 제안을 하기에 "생각해 보겠다"고 답했습니다. 며칠 뒤, 저는 그 친구와 따로 만나 진지하게 물었습니다. 한 번도 제가 정치에 어울린다고 생각해본 적이 없었기 때문입니다.

"내 성격을 잘 알면서 그런 제안을 하는 거냐? 나는 정치에 전혀 안 맞는 타입이잖아."

"아니야. 너 같은 사람이 정치를 해야 해. 여러 친구들과 얘기해 봤는데 평택의 정치를 바꿔야 하고 네가 적임자라고 의견이 모아져서 하는 말이야."

오랜 친구의 진지한 제안에 더 이상 말을 뺄 수도 없어 "고민해 보겠다"고 답했습니다. 그리고는 평택을 직접 살펴보겠다고 했습니다. 제 눈으로 보고 제 귀로 평택의 이야기를 듣고 싶었지요. 그동안 평택의 정치가 어땠는지, 평택 시민은 어떤 사람을 원하는지를 보다 분명하게 알아야 했습니다. 무엇보다 제가 어떤 세상을 꿈꾸는지, 그래서 어떤 정치를 할 것인지를 누구나 이해하기 쉽게 다듬을 필요가 있었습니다.

저는 친구와 약속한 대로 2017년부터 주말마다 평택에 내려갔습니다. 당시 인천광역시 국제관계대사로 근무하고 있어서 주말에는 시간을 좀 낼 수 있었습니다. 동문들을 만나고 특강도 하고 지역의 오피니언 리더들에게 외교관으로서 보고 느낀 세계를 말씀드렸습니다. 그렇게 저를 길러준 고향, 평택을 다시 찾으며 많은 분들을 만났습니다.

고향 동갑 용우회 친구들과의 모임

정치인들의 필독서로 알려진 일본의 대하소설 '대망'을 읽으면서 마음을 가다듬기도 했습니다. 그때를 돌아보면 참 무모했다는 생각이 들기도 합니다. 정치를 '보는' 것과 정치를 '하는' 것은 하늘과 땅만큼이나 다르다는 걸 당시에는 정말 몰랐으니까요. 정당 공천을 받는 절차도 몰랐고 당내 경선의 선거인단인 권리당원의 개념도 나중에야 알았습니다. 더구나 정치지망생이라면 누구나 갖추고 있는 '정치적 인맥'도 전혀 없었지요. 외교관으로 10년 넘게 외국에서 지내느라 한국의 지인들을 자주 만날 수 없었으니 당연했습니다. 또 외교부 출신의 정치인도 드물어 조언을 구할 분도 없었습니다. 말 그대로 '맨땅에 헤딩'을 감행했던 셈입니다.

한편, 가장 걱정스러운 건 제 자신이었습니다. 사람들 앞에 나서는 것을 좋아하지 않는 데다 자기 자랑에 서툴고, 외교관 출신이라 말 한 마디에도 조심하고 카리스마 넘치는 타입도 아니니까요. 게다가 외모가 특별히 출중하지 않다는 것도 알고 있었지요. 그냥 평범한 동네 이웃집 아저씨라고나 할까요? 한 마디로 기존의 정치인들과 스타일이 다른데 시민들께서 어떻게 생각할지 참 걱정스러웠던 겁니다.

그러나 주사위는 던져졌고, 화살은 이미 활시위를 떠난 다음이었습니다. 흠도 많고 약점도 많지만 최선을 다하는 것 외에는 다른 길이 없었습니다. 터키(지금은 튀르키예라고 부릅니다) 이스탄불 총영사라는 직을 내려놓고 정치에 도전하기로 결심했습니다.

꼭 10년 만에 노무현의 '운명이다'를 다시 펼쳤습니다. 10년 전 5월의 광화문 광장이, 노란색 리본을 가슴에 달고 광장을 채웠던 시민들이 떠오르더군요.

첫선거의 온도

안락한 장래가 보장되던 세무 전문 변호사의 길을 버린 노짱과 대의를 위해 기꺼이 정치의 길로 들어섰던 문재인 대통령의 발자취도 저에게는 힘이 되었습니다. 그즈음 저도, 인생에는 가진 모든 것을 던져야 겨우 움켜쥘 수 있는 가치가 있다는 것을 조금씩 알기 시작했습니다.

은혜고등학교 인성교육특강(국제관계와 외교정책)

왜 민주당인가

저는 정치를 시작하면서 민주당 이외의 선택은 한 번도 생각해 본 적이 없습니다. 김대중, 노무현 두 대통령을 존경했기 때문입니다. 온갖 역경에도 굴하지 않고 자신의 길을 걸었던 인간적인 면모도 존경했지만 그분들이 제시하고 실행한 정책이 더욱 그랬습니다. 두 분은 정책을 담당하던 공무원이었던 저에게 정책은 속도보다 방향이 얼마나 중요한지를 보여주었습니다.

첫째는, 흔히 햇볕정책이라 부르는 북한과의 교류와 협력이었습니다.
김대중 전 대통령이 주창한 햇볕정책은 처음부터 엄청난 저항에 부딪혔지요. 군사독재정권에 의해 '좌익', '빨갱이'라는 이미지가 덧씌워진 정치인이라서 더욱 그랬습니다. 보수 진영과 특히 전쟁을 직접 겪었던 기성세대의 우려가 컸습니다. 반공 이데올로기는 여전히 우리 사회 곳곳에 영향을 미치고 있었지요. 북한과 대화 테이블에 마주 앉는 것 자체로도 '공산주의자'가 되는 것처럼 손가락질하는 이들이 많았습니다. 그동안 북한의 위협을 과장해서 정치적 이익을 도모해왔던 일부 정치세력의 비난도 컸습니다.
그러나 외교관으로 중국, 루마니아, 파키스탄, 튀르키예 등 주로 개발도상국에서

첫선거의 온도

근무해왔던 저의 생각은 달랐습니다. 세계가 자본주의와 공산주의 이념을 앞세워 동서로 대립하던 냉전의 시대가 저물고 있었습니다. 1970년대의 데탕트(détente : 이완, 휴식, 화해) 시기와는 비교할 수 없는 '신데탕트 시대'가 도래한 것입니다. '자국 이익 추구의 시기'라고 할 만큼 그야말로 외교력이 국력인 시기였지요.

2000년 남북정상회담(평양 순안국제공항)

동독과 서독이 통일을 이루면서 한반도는 세계에서 유일하게 분단된 민족국가로 남게 되었습니다. 우리나라가 개발도상국에 머무르지 않고 선진국에 진입하기 위해서라도 가장 난관인 북한 문제를 어떻게든 해결해야만 했습니다. 그동안 지속했던 적대 정책은 한반도의 긴장만 높일 뿐 도무지 개선의 기미가 없었으니까요.

우리의 미래를 위해서는 공존과 협력의 방향으로 가야 한다고 저는 보았습니다. 물론, 수십 년 동안 갈등과 반목, 충돌과 전쟁 직전까지 치달은 상황을 반복했으니 단시간에 큰 결실을 이루기는 힘들겠지요. 적대적 관계이던 남과 북이 신뢰를 회복하기까지는 넘어야 할 산이 한두 개가 아니고 갈 길도 멀었지요.

그러나 김대중·노무현 정부는 영원히 불가능할 것만 같았던 그 적대적 관계를 마침내 변화시키는 데 성공했습니다. 남북정상회담에서 어렵게 이루어낸 교류와 협력이라는 추상적인 약속을 개성공단과 금강산관광이라는 실제 눈에 보이는 결과물로 만들었지요.

남북관계는 외교 현장에서 그 의미가 더욱 커집니다. 남과 북이 대화와 협력을 하는 시기에는 종합주가지수인 KOSPI 지수도 오르고 대한민국 외교관으로서의 주가도 올라갔습니다. 다른 나라 외교관들이 우리로부터 남북한 동향과 전망을 알고 싶어 했습니다. 반면에 남북이 대립하던 시기에는 우리 외교관들도 의기소침해지고 UN제재라든지 국제회의에서 지지를 요청하기 위해 다른 나라 외교관들에게 부탁할 일이 점점 많아졌습니다.

이런 과정을 반복해 겪으면서 저는 대한민국의 미래는 북한과의 교류 협력에 달려 있다는 확신이 커졌습니다. 당장 통일이 되지 않더라도 북한과 경제 사회적으로 긴밀하게 협력하면 남과 북 모두에게 이익이 된다는 것이지요. 약 8천만의 내수시장, 풍부한 북한의 광물자원, 낮은 임금에다 언어도 잘 통하고, 손재주도 좋은 북한의 노동력, 육로를 통한 유라시아 교통로 확보, '코리아 디스카운트'의 축소 등 엄청난 경제적 가치를 창출할 수 있고 새로운

첫선거의 온도

기회가 열릴 수 있다고 보았습니다.

2007년 남북정상회담

둘째는, 서민과 중산층을 위한 정당이라는 강령에 맞게 경제, 복지정책을 실천하는 정당이었습니다.

경제는 시장에 맡기면 된다는 보수 정치세력의 주장과 국가가 적절한 개입을 통해서 균형을 유지해야 한다는 민주당의 주장 사이에서 저는 주저 없이 민주당의 편에 섰습니다. 국가경제를 무한 경쟁이 벌어지는 시장에만 떠맡긴 뒤 벌어지는 폐해는 역사가 증명하기 때문입니다. 주기적인 경제공황과 중소기업의 파산, 그로 인한 실업자의 양산과 경제적 불평등의 심화는 시장만으로 해결할 수 없지요. 그런데도 자유시장에 맡겨두고 국가는 간섭하지 말아야 한다는 주장은 그냥 방임주의라고 저는 생각합니다.

대기업 중심의 성장만큼이나 협력을 통해 중소기업과의 상생 발전을 중요시하는 민주당의 주장에 저는 동의합니다. 대기업의 성장을 먼저 촉진하고 부유층의 부를 먼저 늘려주면 그 효과가 중소기업과 저소득층으로 흘러내려온다는 '낙수효과' 이론은 틀렸다는 게 증명되었기 때문입니다.

성장만큼 분배도 중요하고, 노동인구의 80%가 일하는 중소기업의 역할도 대기업 못지않습니다. 정부가 중소기업의 고유한 영업 업종을 보호해주고, 대형마트가 재래시장과 골목상권의 영업권을 침해하지 않도록 막아주고, 종속 하청관계일 수밖에 없는 대기업과 중소기업의 생산 관계에서 대기업의 횡포를 방지하는 것은 시장에만 맡겨서 될 일이 아닙니다.

저는 복지를 인권정책인 동시에 경제정책의 일환으로 접근하는 민주당의 관점에도 동의합니다. 김대중 정부의 국민기초생활보장법이 대표적인 사례입니다. 소득인정액이 최저생계비보다 적으면 자활공동체 사업 등에 참여하는 조건으로 국가의 지원을 받을 수 있도록 한 것입니다. 지금의 시각으로 보면 '근로 연계 복지 제도'로 문제점이 없는 건 아니지만 당시로서는 획기적인 정책이었습니다. 기존의 보수 정부에서 복지를 '시혜적 보호'로 보았다면 민주당은 복지를 '국가의 의무이자 시민의 권리'로 접근했던 것입니다.

김대중 대통령은 이렇게 말했습니다. "우리 사회에서 돈이 없어 굶어 죽거나 돈이 없어 공부를 못하는 일이 없게 된 것을 기쁘게 생각합니다." 평생을 고난과 역경으로 점철했던 정치인의 이 말에서 저는 복지를 인권이라는 관점에서

첫선거의 온도

바라보는 새로운 시각을 발견했습니다. 지금이야 당연하게 여겨집니다만, 김대중 대통령이 이 법안을 제안한 것이 1999년 6월이었습니다.

셋째는, 민주주의라는 의미에 부합하는 권력 행사의 정당성이었습니다.

지난 시기 보수 정치세력은 국민이 위임한 권력을 자의적으로 행사해왔습니다. 일부 보수세력이 '국부(國父)'라 칭송하는 이승만 정권부터 박정희, 전두환으로 이어지는 군사독재정권이 대표적입니다. 헌법에 의해 선출되고 헌법을 준수하겠다던 지도자가 권력욕에 사로잡혀 번번이 그 헌법을 팽개치고 권력을 사유화했습니다. 그 결과는 비참했고 나름의 성과에도 불구하고 전반적인 역사의 질곡은 국민들이 감당해야 했습니다.

이명박, 박근혜 정권도 그다지 다를 게 없었습니다. 선거에 의해 탄생된 정권이었지만 국민이 위임한 통치권을 사적인 이해관계에 사용했습니다. 통치권자로서의 무능은 말할 것도 없고, 대통령 개인의 소송에 소요되는 비용 등을 기업이 내도록 하는 염치없는 짓도 서슴지 않았지요. 수학여행 가던 학생과 교사가 300명 넘게 사망한 참사가 발생했는데도 국민의 생명과 재산을 책임져야 할 통치권은 제대로 작동하지 않았습니다. 급기야는 국가의 통치권이 법률과 사회적 규범을 벗어나 비선(祕線)에 의해 좌우되는 증거가 드러났습니다. 우리 헌정 사상 처음으로 탄핵에 의해 대통령이 자리에서 물러났습니다.

물론, 민주당 정권이 모두가 만족할 만한, 성공한 정부였다고 말하기에는 부족한 점이 적지 않습니다. 종종 시급한 민생의 문제에서 벗어나 제도와

관행의 개혁에 매몰되면서 '개혁일방주의'라는 지적을 받기도 했습니다. 과도한 내부의 권력투쟁으로 분열과 갈등을 드러낸 적도 많았습니다. 보수는 부패로 망하고 진보는 분열로 망한다는 비판을 듣기도 했습니다. 무엇보다 부동산 가격 폭등은 두고두고 국민의 원망을 들어야 했던 문제였습니다.

여러 흠결에도 불구하고 민주당이 도덕적인 측면에서 상대적으로 깨끗하다 생각했습니다. 그런 점에서, 2023년 민주당이 '내로남불'과 '도덕불감증'으로 국민의 신뢰를 잃고 있는 모습은 저에게 너무도 뼈아프고 고통스러운 현실로 다가오고 있습니다.

첫선거의 온도

해볼 만하다

고교 시절

2017년 한 해 가까이 평택을 다니면서 저는 새로운 가능성을 본격적으로 꿈꾸기 시작했습니다. 과거 20여 년의 선거 관련 데이터를 분석하는 일부터 시작했지요. 각종 선거에 출마했던 후보들의 약력부터 득표율과 선거 쟁점, 당시의 정국상황, 그리고 정당지지율 변화 추이 등을 검토했습니다. 여기에다 현지에서 선거를 경험했던 분들의 의견을 모아보니 어렴풋하게나마 21대 총선거의 그림이 그려졌습니다.

지금의 평택시는 과거 평택시와 평택군, 그리고 송탄시가 합쳐 새로 만들어진 행정구역입니다. 제가 염두에 둔 평택갑지역은 대부분 예전에 송탄시가 자리했던 곳이지요. 제가 다녔던 송신초등학교, 효명중학교, 효명고등학교(당시에는 효명종합고등학교)가 모두 그 지역에 있었습니다. 좀 놀라운 것은 초중고 동문들도 가족이 모두 외지로 나간 경우가 아니면 대부분 그 지역에 거주하거나 사업을 하고 있었다는 사실입니다. 어림잡아도 동문들과 그 가족이 몇만은 족히 될 정도였습니다.

무엇보다 고무적이었던 것은, 새로운 인물이 나타났으면 좋겠다는 시민들의 분위기였습니다. 이곳은 원유철 전 의원이 5선을 한 지역이어서 민주당세가 미약했습니다. 안철수 의원의 바람이 거셌던 2016년 20대 총선에서 민주당 후보는 국민의당 후보에게도 뒤진 3등이었지요. 그래서인지는 몰라도 제가 주말마다 만났던 많은 분들의 기대감이 컸던 것 같습니다. 아무래도 외교관 출신이라는, 지역에서는 드물었던 경력 때문인지도 모르겠습니다. 그렇다면 경쟁 구도가 뚜렷하게 잡히겠다는 생각이 들었습니다. 익숙한 인물 vs 새로운 인물, 오랜 정치인 vs 중앙공무원 출신의 정책통 등등으로 저 자신을 알릴 수 있을 것 같았습니다.

제 나름으로는 정치에 대해서 오래 관심을 가져왔습니다. 앞에서도 말씀드렸지만 존경하는 노짱의 빈소에 모여든 사람들을 보면서 더 열심히 정치 관련 지식과 정보를 축적했으니까요. 주로 언론의 정치면과 정치인들의 회고록을 자양분 삼아 생각들을 갈무리해왔습니다. 정치권이 돌아가는 상황과 맥락은 충분히 이해한다고 자부할 수 있었지요.

또 정치 초보치고는 지역 기반도 아주 허술하지는 않았습니다. 지역에서 여러 사람들을 만났더니 저에 대한 '기대' 같은 것이 느껴지기도 했습니다. 저의 출마 얘기가 나오기 훨씬 전부터 그랬답니다. 제가 2016년부터 1년 동안 중국 베이징에서 정책연수를 하고 있을 때 고등학교 동기들이 휴가를 내고

첫선거의 온도

군이 베이징까지 온 적이 있었는데, 대부분 고등학교 졸업 뒤로 처음 만나는 친구들이었지요. 그 친구들끼리 생각을 맞추고는 사실상 면접 삼아 저를 보러 그 먼 길을 다녀갔던 것 같습니다.

제가 출마를 결심한 데는 이처럼 우연과 필연이 겹겹이 쌓여 있었습니다. 여러 정황을 종합해 보니 제가 열심히 하면 지든 이기든 51 : 49 정도의 차이로 선거 결과가 갈릴 거라고 예측되더군요. 일종의 '감'이라고나 할까요? 해볼 만하다고 생각했습니다.

출마할 지역구 상황과 조건은 대략 분석했으니 이제 남은 일은 제 자신에 대한 검토였습니다. 첫째로는, 안정된 공무원 생활을 접고 정치에 뛰어들 자세가 되었는지, 결과가 어떻든 후회하지 않을 각오가 되어 있는지를 다시 한번 확인해야 했습니다. 둘째로는, 그렇다면 총선까지 남은 2년 반 동안을 구체적으로 계획해야 했습니다.

후회할지도 모르는 일

저는 공정거래위원회, 재정경제원과 외교부에서 30년 가까이 공무원 생활을 하면서 국가라는 거대한 시스템의 운용이나 그에 수반되는 여러 정책에 대한 아쉬움이 많았습니다. 또 외교관으로 오래 일해서 그런지 국내 기업의 활동, 특히 글로벌 기업과의 경쟁이나 미래에 대응하는 방식 등에도 아쉬움이 컸지요. 당장 눈앞의 문제를 해결하는 데 골몰하느라 미래의 목표에 소홀한 경우가 적지 않았거든요. 세상의 변화를 알아채지 못하는 정치인들에 대해서도 그랬습니다. 대표적인 게 FTA(자유무역협정)에 관한 논란이었지요.

저로서는 1990년대에 경제정책을 책임지는 기획재정부(당시에는 재정경제원)를 거쳐 2000년대에 외교부(정부조직개편 당시에는 외교통상부)에서 일한 것이 큰 행운이었습니다. 1997년 외환위기 전후로 국내 경제의 위기상황을 가장 가까이서 지켜보았고, 이후 김대중, 노무현 대통령으로 이어지는 남북화해의 시기에는 냉엄한 국제관계의 질서와 변화를 지켜볼 수 있었습니다. 또 우리나라가 실질적인 글로벌 경제 체계에 편입되는 FTA

첫선거의 온도

(자유무역협정) 체제에 실무자로 참여함으로써 세계 경제를 보는 안목을 기를 수 있었지요. 거기에 두 차례나 중국의 우리나라 대사관에서 근무하면서 중국의 성장과 변화를 눈으로 목격했습니다.

이런 경험을 축적하면서 저는 국회의 정책 역량이 중요하다고 생각했습니다. 세계의 변화를 누구보다 빨리 감지해서 입법의 형태로 대응해야 하는 곳이 국회입니다. 그런데 중요한 시기마다 정치적 쟁점으로 여야 대치는 길어졌고 격렬한 정쟁에 입법이 발목 잡히곤 했습니다. 많은 법안이 정치적 필요와 판단에 따라 임의적으로 만들어지고 본회의를 통과하는 경우가 정말 많았습니다. 그러다 보니 설득하는 과정도 이해하는 과정도 없이 다수결의 원칙만 넘쳐났지요.

밖에서 지켜보는 저로서는 참 답답할 때가 많았습니다. 이명박, 박근혜 정부를 거치는 동안, 오죽하면 제가 민주당 정책 단위에서 자원봉사라도 하고 싶은 심정이었습니다.

제가 출마를 어느 정도 결심한 때는 인천광역시의 국제관계대사로 있을 때였습니다. 2016년에서 2018년까지 1년 8개월 재직한 기간은 국내뿐만 아니라 국제질서가 격렬하게 요동치던 시기였습니다. 북한은 핵탄두를 탑재할 수 있는 ICBM(대륙간탄도미사일)을 쏘아 올렸고 트럼프 대통령은 '화염과 분노'를 운운하며 전쟁 분위기를 고조시켰습니다. 김정은과 트럼프가 핵단추의 크기가 더 크네 작네 입씨름을 하는 동안 핵전쟁의 암울한 기운이 한반도를 뒤덮고 있었지요. 미국은 노골적으로 중국과의 대결을 선포했습니다. 중국 제품에 대해 고율의 관세를 매기면서 자유무역 신봉자에서 19세기 말의 보호무역주의로 회귀하는 태도를 보였습니다.

국내 정세는 더욱 암울했습니다. 전임 대통령의 무능과 부패를 참다 못한 국민은 촛불을 들었습니다. 저도 몇 차례 광화문 광장에 나가 시민들과 뜨거운 열망을 분출하고 나누었지요. 헌정사상 처음으로 대통령에 대한 탄핵이 결정될 때까지, 그리고 새로운 정부가 들어설 때까지 모든 게 혼돈상태였습니다. 그야말로, 낡은 체제는 사라졌지만 새로운 질서는 아직 나타나지 않은 시기였습니다.

2016년 박근혜 대통령 퇴진 촛불집회

전쟁의 위험, 미국과 중국의 전면적인 대결 양상, 보호무역주의와 신냉전의 그림자가 어른거리는 현실은 몹시 답답했습니다. 외교와 안보, 안보와 통상이 따로 분리되지 않고 한묶음으로 움직이는 세계질서의 재편기에 접어들었기 때문입니다. 구한말의 격동기가 그대로 재현되는 듯했지요.

나라 안팎이 이렇게 혼란스러울 때, 할 수 있는 뭐라도 해야겠다고 마음먹는 것은 저만의 생각은 아닐 것입니다. 안정적인 공무원직을 유지하면서 가정을 돌보는 것도 중요하겠지만, 때로는 자신의 소양과 경험을 더 큰 영역에서 나누는 것도 의미가 있겠다고 생각했습니다. 가장 빠른 방법이 정치에

첫선거의 온도

참여하는 것이었지요. 민주당의 정책역량을 높이는 데 자원봉사라도 하고 싶었다는 그 생각을 실천하는 것 말입니다.

지금까지는 우리나라가 개발도상국이었으니 선진국의 다양한 정책 내용을 빌려 쓸 수도 있었습니다. 우리 것으로 빠르게 소화해서 추격하고 따라잡으면 됐습니다. 그러나 선진국의 문턱을 넘어서면 예전과는 다를 수밖에 없습니다. 그때부터는 누구한테 배울 수도 없이 선제적으로 문제점을 해결해야 하기 때문입니다. 지난날 우리가 부러운 눈으로 올려다보던, 소위 선진국들과 한 치의 양보 없는 경쟁을 치를 수밖에 없는 위치이니까요.

그래야 하는 일이라면, 제가 미력하나마 그 일에 보탬이 될 수 있다면, 정치라는 영역에서 새롭게 시작하는 것도 의미가 있다고 판단했습니다. 27년 동안 신분이 안정적으로 보장되는 공무원 생활을 해오면서 '새로운 길', '가지 않은 길'을 가봤으면 좋겠다는 내면의 갈망 같은 것도 작용했습니다. 그래서 선거 결과 어떤 성적표를 받더라도 후회하지 않을 자신이 생겼습니다.

사사롭지만 중요한 것

결심이 섰으니 다음 순서는 출마계획표를 작성하는 일이었습니다. 그리고 계획표의 가장 처음은 가족일 수밖에 없었지요. 정치인 이전에 평범한 생활인으로서, 또 가장으로서의 책무를 어떻게 계속할 수 있을지를 고민해야만 했습니다. 출마했다가 낙선할 수도 있는 일이고, 그렇게 되면 꼼짝 없이 백수로 살아야 하니까 말입니다.

저에게는 아들 하나, 딸 하나가 있습니다. 한참 출마를 고심하던 2017년 당시에 두 아이들은 대학생이었지요. 총선을 치르게 될 2020년이면 곧 졸업하기 때문에 자식들 부양 걱정은 덜 수 있겠다 싶었습니다.

정작 힘든 숙제는 아내였습니다. 출마하려면 아무래도 개인적으로 지출해야 할 비용이 한두 푼이 아니어서 아내의 협조(?)가 필수적이니까요. 저 나름대로는 퇴직금 등등 가용할 자원을 요모조모 산출해보기도 했습니다만, 경제적으로 여유가 있었다면 모르겠으나 어쨌든 최종적으로는 아내의 허락을 받아야 했습니다.

아내는 약대를 졸업하고 직장생활을 하다가 저와 결혼했고 제가 해외공관 근무를 시작하면서부터는 집안일을 도맡았습니다. 좀 무뚝뚝한 저를 뒷바라지

첫선거의 온도

가족사진

하고 아이들을 돌보느라 몸도 마음도 늘 바쁜 하루를 보내 온 아내였습니다. 저도 웬만하면 바깥일로 미주알고주알 아내와 상의하는 스타일이 아니어서 출마 이야기를 꺼내기가 쉽지 않았습니다. 선거도 2년 정도 더 남았겠다, 저는 좀 더 때를 기다리기로 했습니다.

그런데 어느 날, 식구들끼리 저녁을 먹다가 우연히 출마 얘기가 툭, 나왔습니다. 가장 적극적인 반응을 보인 것은 아들 녀석이었습니다. 공무원으로 정년을 보낼 줄 알았던 아버지가 그런 꿈을 가진 것만으로도 대단하다며 폭풍 칭찬(?)을 보냈습니다. 반면에 아내는 황당해하는 표정이 역력했습니다. 하긴 아무런 조짐도 없다가 난데없이 총선 출마 얘기가 나왔으니 그럴 만도 했지요. 아내는 한참 뜸을 들였습니다. 20여 년을 함께 살아오면서 제가 빈말을 하는 타입이 아니라는 걸 알고 있었기 때문이지요. 또 제가 한번 마음먹으면 좀처럼 굽히지 않는다는 것도 잘 알고 말입니다.

노련한(?) 아내는 저녁 자리가 끝날 무렵에야 친근한 표정을 지으며 부드러운 말투로 저에게 타이르듯 말했습니다. 당신의 마음을 충분히 이해한다, 나도 정말 응원하고 싶다, 단 이번 총선 말고 다음 총선에 출마하는 게 어떻겠느냐, 정년까지 마치고……. 완곡하고 부드러웠어도 반대 의사를 분명히 했지요. 저는 긍정도 부정도 않고 천천히 밥그릇을 다 비우고 수저를 놓았습니다.

제가 크게 실망했을 거라고요? 천만에요, 전혀 그렇지 않았습니다. 우연한 자리에서 불쑥 나온 얘기였습니다만 남편이자 가장인 제가 정치에 깊은 관심을 가지고 있다는 사실은 알려진 셈입니다. 그럼 당연히 공직생활은 그만둘 수밖에 없다는 사실도 함께 말입니다. 시기만 문제일 뿐이라는 걸 가족들에게 인지시킨 것만으로도 힘든 관문 하나는 통과한 것이지요.

정치는 우선 가장 가까운 사람들에게서 지지를 받는 것으로부터 시작한다고 합니다. 아들 녀석은 적극 찬성이니 두말할 것도 없고, 아내는 일단 이해한다고 했으니 소기의 목적은 달성한 셈입니다. 2년 뒤의 총선이 아니라 6년 뒤에 있을 다음 총선에 출마하면 응원하겠다고 했으니 그 시차만 줄이면 되니까요.

저는 마음에 매달려 있던 무거운 짐 중에서 하나를 내려놓은 기분이었습니다. 역시 정치는 혼자 할 수 있는 게 아니었지요. 자기편을 많이 만들어야 한다는 거, 그 중요한 교훈을 새삼 깨달았습니다.

첫선거의 온도

이스탄불이라고요?

 옛 어른들이 자주 하신 말씀입니다만 단언하건대, 세상일은 알 수 없습니다. 길지 않은 제 삶을 돌아보아도 분명히 그렇습니다. 내일의 일도 알 수 없으니 몇 년 뒤의 일을 염두에 두고 계획표를 짜는 일은 그러므로, 다 소용없어 보이기도 합니다. 그럼에도 불구하고 저도, 다른 많은 분들도 부지런히 계획을 세웁니다. 왜 그런 걸까요?

 당연한 말이지만, 목표가 있기 때문입니다. 목표가 없거나 불분명하면 계획을 세울 수가 없을 테니까요. 어쨌거나 저는 목표가 분명해졌으니 '플랜'을 짜기 시작했습니다. 머릿속으로 온갖 경우의 수를 그리면서 새로운 아이디어를 메모하는 그 작업이 저는 참 좋았습니다. 어떤 날은 금방이라도 당선될 것 같은 예감으로 숨이 가빠지기도 하고, 안 좋은 소식을 들은 날에는 좀 비장해지기도 하면서 말이지요. 저는 그렇게 계획표를 검토하고 보완하면서 목표를 다시 확인하고 의지를 북돋우곤 했습니다.

 말은 거창해 보여도 선거 경험이 전무했던 저의 계획은 단순하고 명료했습니다. 본격적인 선거 준비를 위해 퇴직할 때까지 국내에 머무르는 것이 가장 우선이었습니다. 그래야 지역구인 평택에 자주 방문하고 친구들과도 틈틈이 만나 상황을 점검할 수 있었으니까요.

당시 저는 인천광역시 국제관계대사로 재직하고 있었습니다. 그 전에 중국 대외경제무역대학에서 방문 학자로 1년 동안 정책 연수를 하고 복귀한 뒤, 2016년 9월 외교부에서 파견 형태로 인천으로 갔지요. 외교부가 광역시·도에 대사급 직원을 파견해서 지방자치단체의 국제 관련 업무를 도왔기 때문입니다. 대개 그런 자리는 해외에서 총영사나 대사를 역임한 분들이 부임하는 게 일반적입니다. 그런데 당시 인천광역시에서는 가급적 젊은 중국 전문가를 원해서 마침 국내로 복귀하려는 저와 짝이 맞았지요. 중국대사관 참사관과 파키스탄 공사참사관, 거기에 중국에서의 정책 연수까지 6년 가까이 줄곧 외국에 있었던 저로서는 정말 우리나라가 그리울 때였습니다.

그렇게 귀국해서 시간적 여유가 좀 났고 마침 친구들과 총선 출마 계획을 세웠으니 저로서는 국내에서 자리를 잡는 게 시급했습니다. 인천광역시 국제관계대사 자리에 마냥 있을 수는 없고, 선거일까지 2년이나 남았기 때문입니다. 하지만 국내에서 마땅한 자리를 좀처럼 찾을 수 없었습니다. 시간이 갈수록 마음이 바빠졌지요. 그러다 이스탄불 총영사로 부임하라는 인사명령이 떨어졌습니다.

이스탄불은 튀르키예에서 가장 큰 도시이자 동로마제국의 수도로 1,100년, 오스만제국의 수도로 500년을 버텨온 유서 깊은 도시입니다. 수도는 앙카라이지만 경제, 역사, 문화의 수도라고 할 만한 곳이지요. 하지만 튀르키예는 우리가 오랫동안 터키라 불렀던, 서쪽으로 지구를 반 바퀴쯤 돌아야 하는 먼 나라입니다. 제 머릿속은 한참 복잡해졌습니다. 임기 3년의

첫선거의 온도

인천광역시 국제관계대사 근무시 코스타리카 대통령의 인천 방문

인천광역시 국제관계대사 근무시 자매우호도시 우호협력 교류 회의

총영사는 임기를 마칠 때까지 특별한 사정이 없는 한 함부로 귀국할 수 없기 때문입니다. 특별한 사정이란, 본인이 중대한 잘못을 저질렀거나 주재국에서 큰 사건이 발생한 경우를 말합니다. 2018년 4월에 발령이 났는데 21대 총선은 2020년 4월이니 임기와 선거가 겹칠 수밖에 없었습니다.

제 사정이야 다급해도 다른 선택의 여지가 없었습니다. 나름의 계획이 왕창 꼬이는 지경이었지만 공무원이니 나라의 명령을 따를 수밖에요. 노짱의 말씀처럼 운명(?)이라 여겼지요.

저는 현실을 있는 그대로 받아들이는 편입니다. 최대한 노력하지만 계획대로 되지 않는다고 해서 엄연히 존재하는 현실의 제약과 조건을 무시하지 않습니다. 다만 목표에 도달하기 위해 계획을 현실에 맞게 수정합니다. 그와 반대로 계획에 맞추어 목표를 수정하는 일은 거의 없습니다. 그런 점에서 저는 지극히 목표지향적이라고 할 수 있습니다.

튀르키예 총영사로 부임할 준비를 하면서도 그랬습니다. 8,000km나 떨어진 물리적 거리를 심리적으로나마 좁힐 수 있는 방법을 고민했습니다. 최선은 아니더라도 제가 선택할 수 있는 방법을 찾으려고 애썼습니다. 아무리 그래도 인천공항 출국장으로 나가는 발걸음은 좀 무겁게 느껴졌지요.

저는 한국을 떠나면서 몇몇 친구와 후배에게 이렇게 말했습니다. 영화 터미네이터에서 아놀드 슈워제네거가 했던 말이기도 합니다.

"I'll Be Back!"

첫선거의 온도

이스탄불에서 보낸 1년

이스탄불에서 총영사 업무와 함께 페이스북에 정성을 들였습니다. 휴일이나 업무를 마친 뒤에 튀르키예와 이스탄불의 다양한 이미지와 함께 짧은 소개와 제 근황을 짐작할 수 있는 내용을 올렸습니다. 페이스북 활동은 총영사로서 중요한 업무이기도 했습니다.

이스탄불 총영사 근무시 이스탄불 주지사 면담

튀르키예는 고대 중국북부의 초원지대에서 활약하던 돌궐(突厥 : '미쳐 날뛰는 오랑캐'라는 뜻으로 중국어 발음은 '투줴'이다)족의 후예가 세운 국가입니다. 6.25전쟁 때 2만 명 이상의 군대를 보냈고 1천여 명이 전사하거나 실종된 우방입니다. 2002년 월드컵에서는 우리와 3, 4위전을 치른 국가이기도 하지만 거리 때문인지 멀게만 느끼는 분들도 많습니다. 이슬람국가이긴 하지만 상당히 세속적이어서 중동의 여러 이슬람국가와는 사뭇 다른 분위기를 풍깁니다.

또 튀르키예는 예로부터 아시아와 유럽을 잇는 점이지대(漸移地帶)로써 동서 문화가 공존하는 문화유산을 자랑합니다. 이스탄불을 남북으로 가르는 보스포러스 해협의 동쪽은 아시아, 서쪽은 유럽에 속하기 때문에 동서양의 교차로라고 불립니다. 특히 우리나라에서는 쉽게 접할 수 없는 다양한 음식문화가 아주 매력적이지요.

저는 튀르키예의 문화와 역사, 그리고 다양한 음식과 외교 행사, 외교관 생활을 소재로 공들여 포스팅을 했습니다. 누구나 튀르키예에 대해 호감을 가질 수 있도록, 특히 여행자들을 위한 다양한 정보를 가급적 현지인의 시각으로 제공하는 데도 공을 들였습니다.

그런데 이렇게 일주일에 두세 번 포스팅을 하다 보니 저도 모르게 튀르키예에 대한 공부를 열심히 하게 되더군요. 또, 콘텐츠에 따라 친구 맺기로 알게 된 분들의 방문과 호응도를 보면서 SNS를 어떻게 활용하면 좋을지를 알게 된 것도 기대하지 않았던 소득이었습니다. 시간이 지날수록 페친(페이스북 상의 친구)들이 많이 늘었는데 이런 경험은 나중에 선거운동을 할 때도,

첫선거의 온도

의정활동을 하는 동안에도 큰 도움이 되었습니다.

총영사의 업무라는 게 튀르키예에 거주하는 우리 교민들과의 관계가 우선이어서 정해진 일보다 돌발적인 상황이 많습니다. 사업이나 장사를 하는 분들의 사정에 늘 신경을 쓸 수밖에 없지요. 그야말로 다양한 민원들을 처리해야 하고 또 타 국가의 외교관들 사이에 상호교류도 계속 이어가야 합니다. 일과가 끝나도 참석해야 할 모임과 행사가 적지 않고 많은 사람들을 만나야 하는 게 직업 외교관의 본분입니다. 직업 공무원으로서 마지막 공직인 총영사직을 성실하게 수행해야겠다는 마음으로 열심히 했습니다.

그렇게 일과와 그에 수반되는 업무의 연장, SNS 활동에 분주하다 보니 1년이 금방 지나가서 2019년이 되었습니다. 최소한 선거일 1년 전에는 귀국해서 본격적으로 선거를 준비하면 좋은데 인사이동에는 따로 정해진 시기가 있었습니다. 제 맘대로 할 수 있는 일이 아니었지요.

정기 인사 시기에 맞춰 5월에야 보직 변경을 신청할 수 있었습니다. 그러니 이스탄불에 부임한 지 1년밖에 안 되었으니 국내로 복귀하는 것은 쉽지 않았지요.

저는 동료 누구에게도 출마 얘기를 하지 않았습니다. 그랬으니 선거출마를 이유로 보직을 변경해달라는 것 자체가 말이 안 되는 얘기였습니다. 저는 일단 국내로 복귀한 뒤 명예퇴직 수순을 밟고 싶었습니다. 공직생활은 공직생활대로 명예롭고 깔끔하게 정리하고 싶었던 것이지요. 그러나 본부는 본부대로 보직 없이 인사 발령을 내서 귀국시키는 게 난처했습니다. 특별한 문제가 없는데 그렇게 하면 공연히 사람들 입에 오르내리기 십상이어서 그랬습니다.

저는 우여곡절 끝에 귀국하게 되었습니다. 마침 총리실 외교안보정책관 자리 이야기가 있었지만 다른 적임자가 선임되는 바람에 결국 정해진 보직 없이 들어온 것입니다. 당장 근무할 부서가 없다는 게 참 곤혹스러웠습니다만

첫선거의 온도

결과적으로는 불행 중 다행(?)인 상황이 되었습니다. 무보직으로 돌아와서 다른 자리를 달라고 하는 것도 염치없는 일인데다 선거가 불과 11개월 앞이었거든요. 선거 출마를 위해서는 당내 경선을 치러야 하고, 경선을 위해서는 권리당원 모집이 시급하다는 것도 뒤늦게 알게 되었습니다.

저는 계획대로 자연스럽게(?) 명예퇴직의 수순을 밟을 수 있었습니다. 조금 남아 있던 공직에 대한 미련도 깨끗이 정리되었지요. 출마하는 것 외에는 어떤 여지도 다 사라진 것입니다. 얼핏 궁지에 몰린 것처럼 여겨지지만 사정이 이렇게 되면서 큰 성과도 있었습니다.

가장 큰 변화는 아내였습니다. 이스탄불을 떠나올 때 아내는 저의 출마를 절반쯤 허락(?)한 상태였는데 상황이 이렇게 되자 적극적인 후원자가 된 것이지요. 마음 한 켠에는 아내에게 미안한 마음도 컸습니다.

5월 말일에 오래 정들었던 외교부에서 공무원 신분증을 반납하는 것으로 27년간의 공직생활을 마감하는 명예퇴직을 하고 바로 6월 초에 평택에 아파트를 구해 이사를 했습니다. 달력을 보니 선거일이 11개월도 채 남지 않았더군요. 밥 먹는 자리에서 처음 친구들의 출마 권유가 있은 지 2년이 될 무렵이었습니다.

불안은 영혼을 잠식한다

저의 첫 선거는 거의 백지상태에서 출발했습니다. 이제야 생각해 보니 선거 준비 초기에 가장 중요한 것은 체계를 잡는 일이었습니다. 열심히 하는 건 기본이고, 시기별로 무엇을 어떻게 할지를 결정하고 공유해서 전체가 유기적으로 움직이는 게 중요하지요. 그러려면 선거의 각 요소, 즉 후보, 조직, 전략, 홍보, 공약, 메시지 등이 적절하게 편재되고 운용되어야 합니다. 또 이렇게 하려면 각 단위별로 정보를 취합하고 논의하고 최종적으로 방침을 결정하는 의사결정체계도 만들어야 합니다.

제21대 총선 출마선언

첫선거의 온도

선거와 관련된 모든 책임은 후보가 질 수밖에 없습니다. 그러므로 후보는 각 단위에서 일이 어떻게 진행되고 있는지, 전체적인 캠페인 전략은 어떻게 추진되고 있는지, 선거 지형은 어떻게 변하고 있는지, 핵심 공약은 무엇인지, 이슈를 선점하기 위해서는 어떤 메시지를 어느 시기에 낼 것인지 등을 결정하고 준비해야 합니다. 캠프에서 진행하는 모든 일에 관여할 수는 없겠지만 대부분을 알아야 선거를 지휘할 수 있고 캠프를 이끌어 갈 수 있습니다. 흔히 말하는 '리더십'이란 이런 과정을 통해서 형성되고 강화되고 증폭됩니다. 제가 본격적으로 선거를 준비할 때 선거를 치러본 많은 분들이 해주신 충고가 있습니다. 캠프 운용은 참모들에게 맡기고 후보는 열심히 밖으로 돌아야 한다고, 더 많은 사람을 만나 지지를 호소하고 설득하는 게 후보가 할 일의 전부라고 말입니다. 저는 그 충고에 따라 열심히, 정말 열심히 밖으로 나갔습니다.

그렇지만 선거라는 게 열심히만 한다고 될 일은 아니지요. 저뿐만 아니라 예비후보로 등록한 모든 후보가 히말라야를 등정하는 산악인처럼, 아니 오래 걷기 시합에 출전한 선수들처럼 걷고, 뛰고, 달렸습니다. 절박하기로 따지자면 모든 후보가 같은 심정일 테니까요.

그런데 언젠가부터 아, 이런 방식으로는 제가 다른 후보들을 앞서갈 수 없겠다는 생각이 들기 시작했습니다. 시민들이 잘 알지도 못하는 정치 신인인 제가, 오랫동안 지역에서 정치적 기반을 다진 분들, 특히 전직 시장까지 지냈던 분과 같은 방식으로 경쟁하는 것은 아무래도 비효율적이었습니다. 더구나

진심과 좌충우돌

선거운동 당시 출퇴근 거리 인사

　예비후보 등록을 하고서 얼마 지나지 않아 코로나19가 전국을 휩쓸었습니다. 사회적 거리두기와 영업시간 단축, 단체 모임 금지 등의 조처가 시행되었습니다. 어디서든 마스크를 써야 해서 인사를 나눈 분들의 얼굴을 기억하기도, 명함을 나눠주기도 어려웠습니다. 처음 선거를 치르는 입장에서는 손과 발이 꽁꽁 묶인 거나 마찬가지였습니다. 심리적으로 위축될 수밖에 없었고 고민이 깊었지요.
　화장실 갔다가 물 내릴 틈도 없을 만큼 바쁜 중에도 그나마 생각을 가다듬을 시간이 주어지는 건 출퇴근 거리인사를 할 때였습니다. 이름과 기호, 슬로건을 인쇄한 커다란 피켓을 몸에 걸고 도로가에서 출퇴근 차량을 향해 끝없이 허리를 숙이고 손을 흔드는 일이었지요. 다 합치면 하루 서너 시간, 오롯이 혼자 감당해야 하는 그 시간에는 마치 3천 배를 올리는 스님의 심정이 되곤 했습니다.

처음 며칠은 경황없이 지나갔지만 익숙해지자 그 시간을 활용하는 요령도 생기더군요. 온갖 상념이 두서없이 몰려들다가 조금 시간이 흐르면 문득 주위가 적막해지면서 신경 쓰이는 주제들이 차례차례 떠올랐습니다.

저를 가장 괴롭힌 것은 낙선할지도 모른다는 불안감이었습니다. 선거운동을 시작할 때만 해도 문재인 대통령과 민주당에 대한 평가가 별로 좋지 않았기 때문입니다. 게다가 팬데믹 초기에는 유일한 백신이나 마찬가지인 마스크가 품귀였지요. 약국마다 마스크를 사려는 긴 줄이 늘어섰고 정부에 대한 원성이 높았습니다. 민주당의 상징인 파란 점퍼를 입고 다니기가 괴로울 정도였으니까요. 저만 그런 게 아니라 아마 그 당시 민주당 예비후보로 선거운동을 했던 분들도 비슷한 심정이었을 겁니다.

이 불안감을 통제하지 못한다면 저의 첫 선거는 앞으로 더욱 힘들어질 것이라고 판단했습니다. '불안은 영혼을 잠식한다.'라는 오래된 영화 제목도 생각나더군요. 제 일처리가 꼼꼼하고 야무지다는 평가를 받는 건 걱정이 많은 평소 스타일과도 관련이 있을 겁니다. 걱정이 많으니 일의 요모조모를 더 따져보고 대비를 하는 편이지요. 그러니 제가 준비도 경험도 불충분한 선거, 정부와 민주당에 불리한 선거를 치르면서 불안에 사로잡히는 건 어쩌면 당연한 일일지도 모릅니다.

저는 숱하게 반복하고 자신에게 다짐했던 얘기들을 다시 곱씹었습니다.

- 출마를 결심하기 전에 모든 경우의 수를 다 검토하지 않았던가? 그것도 수십, 수백 번이나!

- 모든 사람들이, 특히 아내까지도 출마를 말리지 않았던가? 그런데도 출마를 고집한 건 나 자신이었지!
- 낙선하면 돌아갈 데라도 있는가? 없지. 모든 퇴로는 나 스스로 끊어버렸으니까!
- 그런데 걱정한다고 지금 당장 무슨 수가 있는가? 아니, 그렇지만 막막하니까 자꾸 불안하잖아!
- 그렇다면, 이제부터라도 어떻게 하면 이길 수 있을까를 고민해야 하는 거 아니야?
- 맞아, 걱정한다고 해결할 수 있는 일은 하나도 없어!
- 그래, 그러니 현재에 집중하라고! 걱정하는 거 지체키 바보짓이야!

정리해놓고 보니 꽤 유치한 문답처럼 되고 말았습니다만, 저는 그런 식으로 제 마음을 다잡는데 필사적이었습니다. 스스로 묻고 답하면서 일종의 마인드 컨트롤을 한 셈이었는데 그 효과가 의외로 좋았습니다. 불안하던 마음이 가라앉았고 차츰 담담하고 긍정적인 기분을 유지할 수 있었습니다. 그렇게 마인드가 전환되자 현재의 상황이 제대로 눈에 들어오기 시작했습니다. 선거 전략에 집중할 수 있었던 것이지요. '능력 있는 새일꾼, 힘 있는 여당 후보'라는 슬로건도, 선거 토론 준비도 거리인사를 하면서 준비할 수 있었습니다.

첫선거의 온도

세상에 쉬운 일은 없다

출퇴근 거리인사를 하면서 정치 초년생 후보로서의 마음가짐도 다잡고 선거 전체를 조망하는 힘도 키웠습니다만, 평택시민들께 홍기원이라는 이름 석 자를 알리는 묘수는 끝내 찾아내지 못했습니다. 저는 급할수록 돌아가라는, 옛 어른들의 지혜에 의지 하기로 마음먹었습니다. 티끌모아 태산이고 천릿길도 한 걸음부터라는 속담도 되새겼지요. 당장 할 수 있는 것, 선거의 기본인 '명함 돌리기'에 전력을 기울였습니다.

경쟁 후보와 비교했을 때 경력 부분에서 경쟁력이 있다는 평이 많았습니다. 그래서 홍기원이 누구인지 알리는 데 주력했지요. 당시에는 코로나19 때문에 모든 경로당이 문을 닫는 바람에 어르신들을 찾아뵐 수가 없었습니다. 일체의 모임이 금지되는 상황에서 명함에 의지할 수밖에 없기도 했습니다.

저도 최선을 다했습니다만, 저보다 더욱

선거운동 당시 명함 배부

열심인 사람이 아내와 딸이었습니다. 선거구의 모든 상가를 구석구석 다니면서 발품을 팔았지요. 그런데 '명함 돌리기'는 기대만큼 효과가 금방 나타나지 않는, 대표적인 '노가다식 선거운동' 중의 하나입니다. 모든 후보들이 기본적으로 하는 작업이기도 하고요. 명함을 건네고 크게 허리를 굽혀 인사하고 나면 상대방 반응을 미처 확인할 틈도 없이 발길을 돌려야 하는 일입니다. 또 마스크를 하고 있었으니 더욱 그랬을 겁니다. 내성적이고 수줍음 많은 아내와 딸이 절박한 마음으로 명함을 들고 뛰던 걸 생각하면 지금도 명치께에서 뜨거운 무엇이 울컥, 올라올 정도입니다.

그렇게 몸으로 부딪히면서 발품을 들인지 서너 달이 지나자 비로소 변화의 기운이 느껴지기 시작했습니다. 처음 보는 분들도 제가 명함을 건네면 '아, 홍기원? 외교관?'이라며 호의적이었지요. 더구나 많은 분들의 예상을 깨고 제가 당내 경선을 통과하면서 저에 대한 주목도가 크게 오르기도 했습니다. 경선을 아주 힘들게 치른 만큼 민주당 지지층에서는 12년 만의 본선 승리에 대한 기대감도 높아졌습니다.

나중에 선거를 마치고서야 알게 된 사실입니다만, 당시 민주당의 총선을 지휘하던 선거대책위원회에서도 저의 경선 통과를 주목했다고 합니다. 당 차원에서 평택갑 지역에 몇 차례 여론조사를 해봤는데 민주당 소속의 예비후보자 중에 누구도 본선에서 당선될 가능성이 없었기 때문입니다. 그런데 당에서도 잘 모르는 정치신인인 제가 유력 정치인의 도움도 없이 순수하게 경선을 통과했으니 그 상승세라면 본선에서도 당선될 수 있다고 본 모양입니다.

첫선거의 온도

　더 고무적인 것은 문재인 정부의 코로나19 방역 정책이 전세계적인 모범이 된 것이었습니다. 방역 초기의 시행착오를 재빨리 수습하고 우리가 가진 의료체계의 장점을 최대한 발휘하면서 감염자 발생이나 사망자 수가 아주 안정적이었지요. 선진국으로 알려진 미국이나 유럽, 일본과는 비교할 수 없을 정도였습니다. 이런 내용들이 외국 언론에 대서특필되면서 정부에 대한 국민의 신뢰가 높아지고 있었습니다.

　코로나19가 얼마나 위험한 감염병인지 정보도 적었고 백신 개발도 최소한 1년은 기다려야 하는 상황이었습니다. 국가적인 위기 국면에서 국민은 정권심판보다 위기 극복이 우선이었고 이런 심리는 정부와 여당에 대한 지지로 이어졌습니다. 이런 분위기가 조금만 더 지속된다면 민주당의 험지라고 알려진 평택시갑에서 12년 만에 처음으로 민주당 계열의 당선자가 나올지도 몰랐습니다.

　그러나 세상일 치고 쉬운 게 없다는 격언은 빈말이 아니었습니다. 힘겹게 경선을 통과하고 본선 준비로 몸과 마음이 한층 더 분주할 때 전혀 생각지도 못한 일이 저를 기다리고 있었습니다. 선거구획정 결과 평택을 지역이었던 비전1동이 평택갑지역 선거구로 편입된 것입니다. 음, 얼마나 충격이 컸던지 3월 초봄의 하늘이 아주 노랗게 질린(?) 것 같았습니다.

진심과 좌충우돌

비전1동이 들어왔다고요?

앞에서 말씀드렸지만, 지금의 평택시는 과거 평택시, 평택군, 송탄시의 행정구역이 합쳐진 것입니다. 행정구역은 합쳤지만 오랫동안 유지되던 생활권역은 단번에 바뀌기 힘들지요. 옛 행정구역이던 북부와 서부, 그리고 새로 건설된 아파트 단지를 중심으로 한 남부 지역으로 생활권역이 대략 구분되었습니다. 제가 초중고등학교를 다닌 곳은 옛 송탄시여서 북부 지역이었습니다. 저의 지지기반도 동문들을 중심으로 한 북부지역에 몰려 있었지요.

그런데 선거일을 불과 40일 남겨두고 남부권역의 비전1동이 제 선거구로 획정되는 날벼락(?)이 떨어진 겁니다. 많은 사람들이 송탄권역인 고덕지역이 갑지역에 편입될 것으로 예측했었고 저도 그쪽에서 활동을 많이 했었지요. 그래서 저는 예비후보 시절에 비전1동에 거의 갈 일이 없었고, 선거를 도와줄 지인이나 동문 등 연고자도 거의 없다시피 했습니다. 게다가 본선에서 맞붙을 야당(당시 미래통합당) 후보는 직전 평택시장으로서 원래 을지역에서 출마 준비를 하던 분입니다. 인지도뿐만 아니라 선거의 모든 면에서 저에 비하면 그곳이 텃밭인 셈이나 마찬가지였지요. 그러니 저로서는 '날벼락'이라는

세상의 온도 | 53

첫선거의 온도

표현이 그리 틀린 말은 아니었습니다.

비전1동은 주로 아파트단지로 이루어진 신도시입니다. 원도심에 가까운 북부에 비해 상대적으로 젊은층이 많았고 거주 인구가 7만명 (지금은 인구 약 9만명으로 비전1동과 동삭동으로 분동되었다)이나 되는 전략지역입니다. 선거의 승패를 가를 수 있는 곳이지요. 게다가 아파트 단지는 일반 주택 지역과는 달리 지지자를 조직하기가 아주 힘든 곳이기도 합니다. 그런데, 남은 40일 동안 7만명의 시민들에게 저를 알려야 했습니다. 코로나19 때문에 모임도 없고, 식당이나 카페도 밤 10시 전에 모두 문을 닫는 상황에서 말입니다.

속은 타들어갔지만 뾰족한 묘수는 없었습니다. 처음부터 다시 시작한다는 심정으로 뛰는 수밖에요. 모든 역량의 70% 이상을 비전1동에 쏟아붓기로 했지요. 비전1동에서 살다시피 했습니다만, 한동안 선거 승리라는 '비전(vision)'이 보이지 않아 애를 먹었습니다. 앞에서 말씀드린 것처럼, 출퇴근 인사를 하면서 부정적인 생각은 지우려고 애썼고 부족한 부분은 어떻게 채울지를 고민했습니다. 주어진 현실이 아무리 고약하더라도 문제와 해결방법은 모두 그 안에 함께 있으니까요.

2019년 11월, 지역 언론에서 당내 예비후보군에 대한 여론조사를 처음 했을 때 저의 지지도는 약 4%에 불과했습니다. 참 아득한 수치였는데 인지도가 원체 없어서 그랬습니다. 반면에 경쟁 후보들은 15%대와 30%대를 유지하고 있었지요.

지난 뒤의 소감입니다만, 지난 총선 당시의 코로나19 방역 지침이 저처럼 정치신인에게 항상 불리하게 작용한 것만은 아닌 듯합니다. 인지도가 미약해서 초반에는 굉장히 불리하다고 느꼈기 때문에, 본선에서는 명함을 돌리고 발품을 파는 것 외에 달리 할 수 있는 선거운동이 없었거든요. 지역에서 오래 기반을 다져온 분들이라도 각종 모임이나 행사가 없어져서 세를 과시하는 기존의 선거운동 방식을 쓸 수가 없었고, 지지자들을 대거 동원하는 선거유세도 불가능했으니 말입니다.

명함 얘기가 나왔으니 말입니다만, 저의 경우 선거운동에서 명함은 마치 곤충의 더듬이 같았습니다. 마스크가 얼굴을 반이나 가리고 있어서 상대방의 표정을 제대로 읽을 수 없었지요. 그러니 명함을 건네고 받는 찰나의 순간에 상대의 마음을, 저에 대한 감정을 파악해야 했습니다. 온 신경이 명함에 집중될 수밖에 없으니 명함은 정말로 시력 나쁜 곤충의 더듬이 같았지요.

시간이 갈수록 한 뼘도 안 되는 명함을 타고 전해지는 반응을 감지할 수 있었습니다. 선거 초기에는 싸늘했던 마음들이 갈수록 따뜻해지는 걸 느꼈습니다. 그렇게 되기까지 참 마음고생이 컸습니다. 더구나 명함을 거절하는 시민을 숱하게 접하면서 뭐랄까요, 한없이 작아지는 저를 절감하지 않을 수 없었지요. 정치와 정치인에 대한 시민의 싸늘한 눈길을 그대로 감당해야 하는 날이 많았습니다.

마지막 여론조사에서 박빙의 차이로 상대 후보에게 뒤졌고 출구조사에서는 0.2% 뒤지는 결과가 나왔습니다. 그야말로 승패를 알 수 없는 어려운 선거였습니다. 개표 초반부터 대부분의 투표구에서 조금씩 밀렸고 절반 가까이 개표가 됐을 때까지도 표차가 벌어져서 패배 가능성이 높았습니다. 낙선하면 앞으로

첫선거의 온도

4년을 어떻게 버텨야 하나 걱정이 밀려왔습니다. 그러다가 개표가 절반을 넘어서면서부터 사전 선거 투표함에서 앞서가면서 승리의 기운이 조금씩 모여지기 시작했습니다. 몇차례 엎치락뒤치락 하다가 최종적으로 3,501표 차이로 신승을 했습니다.

지금도 여러차례 붙었다 떨어졌다 하며 치열했던 당시 개표 상황도를 가끔 들여다보며 마음을 다잡습니다.

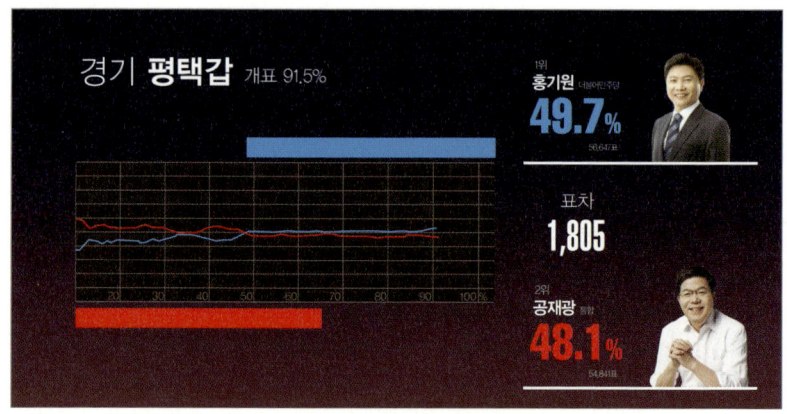

총선 당시 개표 상황

선거가 끝난 다음에야 알겠더군요. 어렵게 선거를 치르는 것이 교만하지 말라는 교훈을 남긴다는 걸 말입니다. 저는 선거 운동 기간 내내 밖으로는 '작은 약속도 실천하는 사람이 되겠다'고 시민들께 말씀드렸고, 안으로는 '미소 짓는다, 적게 말한다'라고 저 스스로를 타일렀습니다. 후보자 차량 안에 표어처럼 붙여두고 제 휴대폰 바탕화면에도 적었지요. 유창하고 화려한 말솜씨를 가지지 못했으니 시민들의 이야기를 들으려 애썼고, 얼굴이 두껍지 못하니 농반진반으로 흘리는 말씀도 진지하게 받아 적곤 했습니다.

그렇게 세련되지 못한(?) 후보자를 응원하고 등을 두드리며 도와준 분들이 없었더라면 지금의 저는 없었을 것입니다. 특히 학창시절을 함께 보냈던 친구들의 응원이 큰 힘이 되었고, 선후배들이 물심양면으로 베풀었던 많은 도움이 없었더라면 결코 승리할 수 없었을 겁니다.

추운 겨울 눈바람 속에 거리인사에 함께 해준 분들, 지역구 구석구석 명함을 건네면서 인사드릴 때 함께 해준 분들, 비용을 아끼려고 예비후보자 공보물을 봉투에 넣는 작업을 자원봉사해주신 분들……. 일일이 열거할 수는 없지만 저를 위해 뛰어준 수많은 자원봉사자들의 헌신적인 노력이 없었다면 승리는 결코 불가능했을 것입니다.

그렇게 힘든 선거를 치렀고, 함께 해준 분들의 소중함과 고마움이 선거의 결과로 남았습니다. 그것도 아주 묵직하게 말이지요.

2020년 4월, 저는 그런 우여곡절 끝에 보수정당의 텃밭이라던 평택시갑

첫선거의 온도

지역구에서 민주당의 깃발을 들고 당선되었습니다. 눈 밝고 귀 밝고 가슴은 뜨거우나 입은 무거운 정치인이 되겠다고 자신에게 다짐하면서 21대 국회의원으로 또 다른 공직을 시작했습니다.

거리인사 중 만난 친구들과

인사에 함께 해준 분들

선거운동원들과 함께

3년, '겸손'을 배운 시간들

그렇게 3년이 훌쩍 지났습니다. 말도 많고 탈도 많은 직업이 정치인이지만, 저는 여전히 제가 보통의 시민이라고 생각합니다. 그때나 지금이나 저는 제가 뭘 잘해서, 제가 잘나서 평택시민들께서 저를 대표자로 뽑았다고는 생각하지 않습니다. 좋은 친구들과 선후배들, 그리고 마음을 열어준 이웃들의 눈에 들었을 뿐이지요. 운도 따라주었고요.

그래서 지난 3년, 저 나름으로 열심이었습니다. 지지해준 분들뿐만 아니라 비판하고 꾸짖어 주신 분들, 더 나아가 반대한 분들의 마음까지도 헤아리려 욕심을 냈습니다. 그분들의 마음과 생각을 어떻게든 입법과 정치의 영역에 반영시키려 애를 썼습니다. 또 그렇게 노력하는 게 정치인의 책무라는 걸 해가 갈수록 더 절실하게 느꼈습니다. 자주 고3 수험생처럼, 아니 고시를 준비하던 30년 전처럼 밤늦도록 보좌진들과 일하는 것도 그런 의무감 때문이지요. 밥값 제대로 하라고 뽑아놓은 국회의원이니까 말입니다.

또 다른 한편, 저 개인적으로는 지난 3년이 참 신기하게 느껴질 때가 많습니다. 무슨 운명의 아이러니라고나 할까요, 홍기원이 이런 사람이었나? 생각되는 것입니다.

첫선거의 온도

제가 출마를 결심하고 지금 이 자리까지 오게 된 최근 5년은 홍기원이라는 한 인간에게도 극적인 변화가 일어났던 시기였습니다. 저는 원래 내성적이고 말주변 없고 남들 앞에 잘 나서지 않는 성격이랍니다. 그래서 낯선 사람을 만나는 것도 가급적 사양하고 멀리 여행을 가거나 객지를 돌아다니는 것도 썩 좋아하지 않는 유형이지요. 대기업이나 큰 회사에 들어가서 경쟁하는 게 내키지 않아서 고시를 준비한 것도 있고요. 그렇게 처음 공직을 시작한 곳은 경제기획원이었습니다.

그러다 외환위기 이후에 외국과 통상업무의 중요성이 대두되면서 각 부처에 분산돼 있던 통상업무가 합쳐져 외교부에 통상교섭본부가 신설되었습니다. IMF 금융위기 직후 출범한 김대중 정부 시절인 1998년입니다. 저는 통상전문가가 되겠다는 포부를 가지고 재정경제원에서 외교부로 자리를 옮겼습니다. 아시아 태평양 지역의 통상문제를 담당하는 아태통상과에서 사무관으로 근무했고 이어서 주중국대사관 1등 서기관으로 일했습니다. 본격적인 외교관으로 봉직한 것이지요.

외교를 담당하는 공무원인 외교관과 일반 공무원을 비교했을 때 가장 두드러진 차이점은 사람을 어떻게 만나느냐입니다. 일반공무원은 주로 제3자가 만나자는 요청이 먼저 들어옵니다. 그게 민원이든 업무협의든 그렇습니다. 반면에 외교관은 먼저 만나자고 요청을 하는 편입니다. 외교적 현안이 있든 없든 주재하는 나라의 외교관이나 공무원들과 교류하면서 관계를 돈독하게 유지하는 것이 외교관의 첫째 임무이기 때문입니다. 공적인 모임이나 사교의 자리에도 주최 측의 참석 요청이 있기 전에 먼저 주최 측에 참석해도 되는지를 파악하는게 중요하지요. 매사에 능동적이어야 한다는 의미입니다.

외교통상부 신입직원 환영회

또 대부분의 외교관은 한 나라에 오래 주재하기보다 여러 나라를 돌아다니며 근무합니다. 2~3년 근무해서 조금 익숙할라치면 다른 나라로 전근을 갑니다. 새로운 문화와 배경을 가진 사람들과 일하고 전혀 낯선 이웃을 사귀는 것이지요.

그렇게 외교부에서 21년을 근무하면서 내성적이고 말을 아끼던 제 성격도 아주 큰 변화를 겪었습니다. 제가 주도하는 모임을 이끌려면 꼭 필요한 말만 해서는 곤란하지요. 전체가 화기애애하도록 분위기를 잘 이끌어야 합니다. 상대방의 호감도를 높이는 에피소드도 준비하고, 좋은 인상이 남도록 인사말이나 축사도 공들여야 합니다. 비싸지 않더라도 좋아할 만한 작은 선물도 준비하는 등등의 세심한 배려심을 길러야 합니다. 무엇보다 상대의

첫선거의 온도

말을 경청하고 공감하는 능력이 절대적으로 필요합니다.

제가 의도한 건 아니었습니다만, 이처럼 외교관으로서 트레이닝을 거쳐 사람들 앞에 서는 게 과거보다 조금 더 익숙했을 때, 그래서 제가 하고 싶은 말을 상황에 따라 웬만큼 조리 있게 표현할 수 있었을 때, 처음 보는 사람들과 대화하는 것도 조금은 나아졌을 때, 마치 그럴 때를 기다리기라도 한 듯, 친구가 출마를 제안했던 것입니다. 우연치고는 정말 기묘한 우연이었습니다.

그래서 당선 후 국회에 등원할 준비를 하면서 저의 인생행로를 돌아볼 때마다 삶의 아이러니, 또는 운명의 묘한 기운 같은 것을 느끼곤 했습니다. 모든 걸 우연으로 돌리기에는 소중한 무엇인가가 그 안에 담겨 있는 것 같았습니다. 옛날의 저를 알던 사람들 중에는 제가 선거를 치르고 국회의원이 되었다는 사실을 아직도 못 믿겠다는 분들이 꽤 있으니까요.

곰곰이 생각한 끝에 저는 그 소중한 무엇이 '겸손(謙遜)'일 것이라고 짐작했습니다. 저의 공직생활 27년과 짧은 정치 인생 3년을 통틀어 보아도 현실을 대하는 가장 진지한 태도는 역시 겸손이었습니다. 지난 선거 때 얼굴도 잘 모르는 분들이 두 팔 걷어붙이고 앞장서서 지금의 저를 만들어준 고마움을 되새기면 더욱 그렇습니다. 저 혼자 잘나서 이룰 수 있는 일이란 세상에 없는 법이기도 하지요. 마치 세상을 다 아는 것처럼 날뛰지 말고, 한 번 더 자신을 돌아보고 주변을 둘러보는 태도 말입니다. 옛 어르신들께서 후세들에게 늘 겸양지덕(謙讓之德)을 강조했던 것도 그런 까닭이었으리라 짐작합니다.

생각이 이쯤에 이르자 저는 핸드폰의 첫 화면에 '겸손' 두 글자를 굵은 고딕으로 깔았습니다. 핸드폰이 울리면 가장 먼저 떠오르는 글자로 만들어

진심과 좌충우돌

두었지요. 그 두 글자를 먼저 눈에 담고 받는 전화와 그렇지 않은 전화는 느낌이 전혀 달랐습니다. 목소리부터 마음자세까지 조금씩 그에 맞추느라 애썼던 지난 3년이었습니다.

스마트폰 바탕 화면

세상의
온도

2장
정치의 온도
냉탕과 열탕

정치의 온도

21대 국회의원 당선, 내가 잘해서 되었을까?

흔히들 '여의도 정치밥'이라고 합니다만, 그래도 지난 3년 동안 의정활동을 하면서 저의 시야도 조금은 넓어진 걸 느낍니다. 많이 보고, 많이 듣고, 많이 생각하게 된 결과일 것입니다. 밖에서 보는 것과는 다르게 국회는 보고 듣고 생각하게 만드는 장치가 많습니다.

특히 초선 의원들은 공부하지 않고 배겨날 재간이 없습니다. 국회 속기록에 기록되는 회의 발언은 중요 시험 답안지와 다르지 않습니다. 정답이 없으니 답안지 작성이 더 어렵지요. 혼자만 정답이라고 기고만장하다가는 다음날 언론에 볼썽사납게 이름이 오르내리게 됩니다. 특히 사실관계가 틀렸거나 감정에 흔들려 막말이라도 하게 되면 뒷감당이 어렵습니다.

상임위원회 소관 부처 공무원들과 만나는 것도 시험공부와 비슷합니다. 기초는 다지고 들어가야 공무원들의 강의(?)를 따라잡을 수 있습니다. 모르면서 아는 체 했다가는 앉은 자리가 가시방석이 됩니다. 전문가들과의 간담회도 공들여 준비하지 않으면 실력이 금방 드러납니다. 앞에서는 공손하지만 뒤에서는 냉정하게 평가합니다. 평가는 보통 4단계로 나뉩니다. ①만만치 않은데? ②좀 아는군, ③그저 그렇군, ④바보 아니야? 그리고 정치적 쟁점이 많고 복잡해서 중요 이슈가 된 사안의 경우는 한 단계가 더 추가됩니다.
⑤구제불능!

　지역구 활동도 마찬가지입니다. 민원과 지역 현안 정도는 줄줄 꿰고 있어야 합니다. 의원회관의 제 방 525호와 지역사무실에 주요 현안 현황판을 걸어두고 수시로 진행 상황을 체크하는 것도 그래서입니다.

　시민들의 눈은 대단히 밝고 귀도 크게 열려 있어서 자신을 대표하는 국회의원들이 무슨 말을 했는지, 어떻게 행동했는지 놓치지 않습니다. 어디까지가 진심이고 어디서부터 거짓말인지도 대번에 알아봅니다. 겉으로는 내색하지 않지만 담임선생님처럼 꼼꼼하게 채점해서 성적표를 만들어 두지요. 그리고는 다음 선거에서 분명한 판단을 내립니다.

　첫 임기가 1년도 남지 않은 요즘, 자주 지난 3년을 돌아봅니다. 능력이 모자라는 건 어쩔 수 없지만 노력까지 모자라지는 않았는지 되새기는 것입니다. 작은 성취와 큰 아쉬움이 남는 시간들이 저만큼 지나가고 있습니다. 더 열심히 할 수 있지 않았나, 하는 생각과 나름으로는 그래도 최선을 다했다, 라는 자부심이 뒤섞이기도 합니다.

　앞에서도 잠깐 언급했습니다만, 지난 총선은 저에게도 민주당에게도 참 운이 좋았다는 생각을 합니다. 자기 일처럼 도와준 분들의 고마움이야 두말할 필요 없이 소중했습니다. 그러나 그분들의 성원과 저의 노력만으로는 정말 어려운 선거였습니다. 사실, 제가 본선 공천이 확정될 무렵에 선거 판세는 민주당에 아주 불리했습니다. 당시 문재인 대통령과 민주당에 대한 평가가 그리 좋지 않았거든요. 흔히들 총선은 집권여당에 대한 심판의 성격이라고 합니다. 그런데 집권 초기 80%를 넘은 적도 있던 국정지지도가 집권 3년 차이던 2020년 초에는 40%대로 절반이 깎여나간 상황이었습니다.

야심 찬 국정과제였던 소득주도성장은 후폭풍이 거셌습니다. 길게 보면 소득분배의 개선 효과가 작지 않았지만 인건비도 비용이라 당장 소상공인과 자영업 하시는 분들의 부담이 컸습니다. 임금이 올라도 가격에 그대로 반영시킬 수 없어 더욱 그랬지요. 반발이 커지자 정부는 고용 유지를 전제로 최저임금 인상분만큼 지원해주는 방식으로 정책을 보완했습니다. 아무리 좋은 정책이라도 조금 더 친절하고 치밀하게 집행했더라면 어땠을까 아쉬움이 많았습니다.

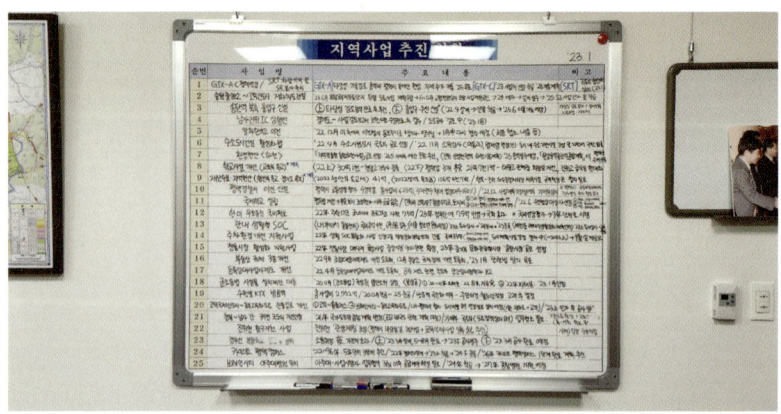

의원회관 사무실 지역사업 추진 현황판

부동산, 특히 아파트를 포함한 주택 가격의 급격한 상승은 두고두고 문재인 정부와 민주당의 발목을 잡았습니다. 시중의 여론이 좋을 수가 없었지요.

저금리와 이로 인한 유동성 증가로 부동산 가격 상승은 전세계적인 현상이어서 정부의 대응에는 한계가 있었습니다. 그렇더라도 공급 대책보다는 세금과 규제라는 압박을 통해 부동산 문제에 접근한 것은 문제였지요. 더구나 정책 실패에 책임지는 과정도 서툴렀습니다. 장관을 경질하려다 마땅한 후임자가 없다며 다시 기용한 것은 국민들이 쉽게 납득할 수 없는 대목이었습니다.

또 정부와 검찰의 반목과 갈등, 첨예한 대립이 1년 가까이 지속되고 있었습니다. 법무부 장관과 검찰총장의 대립과 갈등은 모든 이슈의 블랙홀이었습니다. 국민의 눈살을 찌푸리게 하는 거친 말들이 신문의 1면을 장식하곤 했습니다. 이전투구(泥田鬪狗), 여야 정치권이 그야말로 진흙탕에서 헤어나지 못했지요. 서초동에는 두 집단의 촛불이 켜졌고 국민들까지 편을 갈라서 대립하게 되었습니다.

여기에다 2019년 12월부터 코로나19가 국내에 유입되었고 순식간에 전국으로 퍼졌습니다. 우리 의료진이 사스나 메르스와 같은 호흡기 감염병에 대처한 경험이 있었고 질병관리에 대한 행정경험도 축적되어 있었지만, 이처럼 대규모의 유행은 시행착오를 겪을 수밖에 없었지요.

백신이 없을 때라 사회적 거리두기와 마스크 착용이 거의 유일한 대응 방법이었는데 마스크 생산 시설의 대부분이 중국에 있었으니 급증하는 수요를 금방 따라잡을 수 없었습니다. 약국 앞에 사람들이 줄을 섰고 판매도 제한할 수밖에 없었지요. 출처를 알 수 없는 흉흉한 소문이 저잣거리에 넘쳤고 근거 없는 가짜뉴스도 시민들을 더욱 불안하게 했습니다.

국정운영에 책임을 질 필요가 없는 야당으로서는 정부와 여당을

정치의 온도

비판하고 공격하기에 아주 좋은 기회였지요. 그것도 총선을 바로 코앞에 둔 시점이었으니 민주당으로서는 위기였습니다. 저도 정말 어려운 선거가 되겠다고 생각했습니다.

그럼에도 불구하고 2020년 4월 15일 치러진 21대 총선에서 더불어민주당은 지역구 163석에다 위성정당인 더불어시민당의 비례의석 17석까지 합쳐 180석이라는 압도적 승리를 거두었습니다. 전체 의석 300석 중 60%를 차지한 것입니다. 저도 과반을 살짝 넘긴 50.2%의 득표율로 상대 후보와 2.8%, 3,501표 차이로 당선되는 기쁨을 누렸습니다. 지지자들의 도움과 코로나19 방역의 성과가 상당 부분 반영된 결과였다고 생각합니다. 운이 좋았던 셈입니다.

많은 분들이 알고 있는 지난 일을 이렇게 되짚어 보는 까닭은 지금 민주당의 위치를 분명하게 알기 위해서입니다. 그래야 다가오는 총선과 그 이후를 제대로 가늠할 수 있기 때문이지요. 그래서 스스로에게 물어봅니다. 지금의 민주당은 4년 전의 미래통합당과 얼마나 다를까요?

지난 총선에서 민주당이 압승을 거둔 것은 민주당이 잘해서라기보다 제1야당인 미래통합당이 워낙 못했기 때문이라 생각합니다. 강성지지층인 태극기부대에 휘둘리면서 선거의 핵심 쟁점을 '민생'의 문제가 아니라 '대정부투쟁'으로 몰아갔습니다. 국가의 위기를 자신들의 정치적 기회로 이용하는 태도였습니다.

박근혜 전 대통령에 대한 탄핵심판을 부정했고, 박근혜 정부의 마지막 총리이자 탄핵심판이 진행되는 동안 대통령 권한대행이었던 인물이 당대표로 선거를 이끌었습니다. 80%가 넘는 촛불시민의 찬성으로 전임 대통령이 탄핵되었는데,

정작 그 대통령을 배출한 정치세력은 어떤 책임도 지지 않았습니다.

그 결과는 야당의 총선 참패였습니다. 특히 민심의 풍향계 역할을 하는 수도권(서울, 경기, 인천)의 결과는 참혹했습니다. 121석 중 85%가 조금 넘는 103석을 민주당이 차지했으니까요. 이로써 박근혜 정부를 탄생시켰던 새누리당은 2017년 제19대 대통령선거와 2018년 제7회 전국동시지방선거, 그리고 2020년 제21대 총선거에서 연속 패배했습니다. 새누리당에서 자유한국당으로, 다시 미래통합당으로 당명을 바꾸고 선거 막바지에는 무릎 꿇고 석고대죄 하는 모습을 연출했지만 국민의 싸늘한 감정을 되돌리지 못했습니다. '정권심판론'이 아니라 '야당심판론'이라는 단어가 유행할 정도로 야당이 선거를 엉망으로 치렀기 때문이었습니다.

우리나라 역대 선거에서 총선은 각 지역구에서 출마하는 후보자의 인물보다 정당에 대한 평가가 큰 영향을 미쳤습니다. 대통령선거가 후보자의 인물 됨됨이와 대통령으로서의 자질, 통치 역량을 꼼꼼히 따지는 경향과는 차이가 좀 있습니다. 흔히 '바람'이라고 말하는 여론의 추세가 후보자의 작은 차이를 압도하는 것이지요.

그래서 선거가 끝난 뒤에 선거 결과를 놓고 그 의미를 분석하는 것은 중요합니다. 단순히 승리와 패배의 문제가 아니라 성적표 안에 숨어있는 국민의 마음을 읽어야 하기 때문입니다. 그래야 4년 임기 동안 국회의원은 무엇을 해야 하고, 당은 어떻게 운영해야 하며, 무엇이 중요한 의제인지를 판단할 수 있으니까요.

그런 의미에서 민주당의 총선 압승은 기회이자 또 그만큼의 위험요소를 내포하고 있었습니다. 범여권을 포함하고 몇 석만 보태면 거의 개헌도 가능한 수준이었습니다. 원하는 것은 무엇이든 할 수 있다는 자신감이 팽배했지요. 뒤늦은 탄식이지만, 어쩌면 '승자의 저주'라고도 말할 수 있는 민주당의 위기는 이때부터 시작되었다고 볼 수 있습니다.

  2021년 4.7 재보궐선거에서 서울시장과 부산시장 선거를 졌습니다. 2022년 3월, 20대 대통령선거에서 석패하면서 민주당은 정권을 내주었습니다. 저처럼 정치경력이 짧은 초선의원도 정치는 가장 뜨거울 때 가장 차가움을 대비해야 한다는 것을 알게 되었습니다. 압도적인 승리라도 도취해서는 안 된다는 것, 민심의 바다는 늘 우호적이지 않아서 언제든 쓰나미를 일으킬 수 있다는 것, 잘 될수록 더 고개를 숙이고 상대를 배려해야 한다는 것도 말입니다.

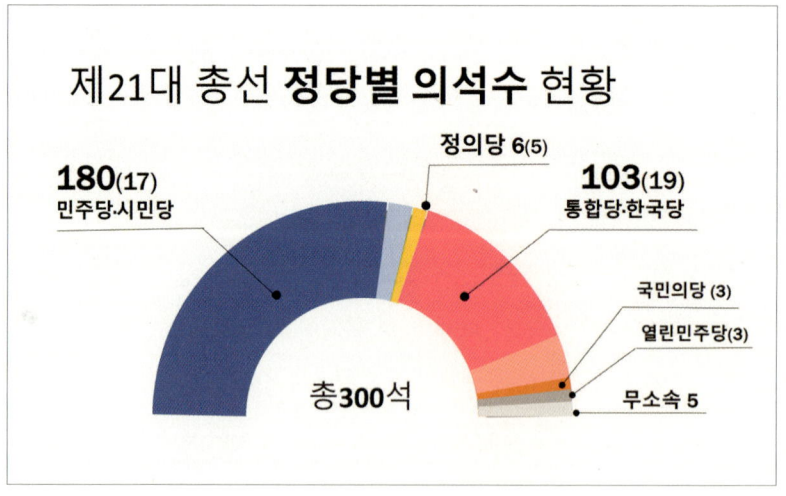

21대 총선 정당별 의석수 현황

냉탕과 열탕

민주당의 나아갈 길

저는 2022년 대선과 지방선거에서 연이어 패배한 뒤 열린 첫 의원총회에서 저의 소신을 이렇게 정리해 말씀드렸습니다.

작년 4월 7일 서울시장과 부산시장 재보궐선거에서 우리는 크게 졌습니다. 이후 언론과 전문가, 내부 반성에서 인정된 패배 원인은 크게 ①부동산, ②내로남불, ③일방독주 세 가지였습니다. 이러한 반성을 기초로 우리 당은, 부동산 문제와 관련해서는 종부세 등 부동산 세제개편과 공급정책에 집중했습니다. 내로남불과 관련해서는 대선과 함께 치러진 지역구 보궐선거에서 우리당 소속 의원의 귀책 사유가 있는 종로구를 포함한 지역구에 후보를 내지 않았습니다. 일방독주 비판과 관련해서는 검찰개혁법, 언론개혁법 추진을 보류했습니다.

그렇지만, 대선 패배 후 우리 당은 이를 까맣게 잊은 듯이 행동했습니다. 서울시장, 인천계양을 후보 공천은 내로남불하지 않겠다는 스스로의 약속을 깬 것이며, 민주적 절차가 훼손된 검찰개혁법 통과는 일방독주의 모습을 재현한 것 아니겠습니까?

정치의 온도

민생·공정·개혁·정의를 실현하는
정기국회 입법성과!

코로나19 국난극복과 경제위기 대응 입법성과

남녀고용평등과 일·가정 양립 지원에 관한 법률
코로나19 감염병 확산 등으로 가족돌봄휴가를 최대 20일까지 연장

상가건물 임대차 보호법 | 코로나19 확산에 따른 소상공인 피해 극복지원을 위함

감염병의 예방 및 관리법 | 국민의 건강을 지키는 K-방역망을 강화

대중소기업 상생협력 촉진법 & 유통산업발전법 | 경제위기 대응과 민생안정을 위함

조세특례제한법 | 상가임대료를 인하한 임대사업자에 대한 세액공제 적용기한을 연장

개혁입법 성과

할 일 제때 하는 일하는 국회를 위한 **국회법**

경찰개혁 완수를 위한 **경찰법 & 경찰공무원법 & 경찰관직무집행법**

지방자치 분권시대를 위한 **지방자치법** 등 **5건**의 개혁입법 처리

공정·정의 분야 입법 성과

공정경제 3법 | **상법 & 공정거래법 & 금융복합기업집단의 감독에 관한 법률안**
기업투명성 제고와 공정한 경쟁, 시장의 다양성 보장을 위합니다

과거사 진상규명과 명예회복을 위한
5·18민주화운동 특별법 & 5·18민주화운동진상규명특별법 & 5·18민주유공자예우법

세월호 진실규명 위한 특별조사위원회 활동기간 연장을 위한 **사회적참사특별법** 등
7건의 공정·정의 입법 처리

더불어민주당

2020년 12월 10일 더불어민주당 입법성과

180석을 준 국민의 뜻에 따라야 한다, 지지자들을 잘 붙들면 된다, 중도는 없다, 박근혜는 사학법 투쟁으로 지지자들을 잘 붙들어서 정권을 잡았다 등등, 우리 지지자들의 뜻에 따라 개혁을 힘 있게 추진해야 한다는 주장이 있습니다. 개혁과 혁신은 항상 우리가 가야할 길은 맞습니다. 실제로 우리는 2020년 21대 국회 첫해에 엄청나게 많은 개혁법안을 처리했습니다. 당에서 홍보도 많이 했습니다.

180석을 획득한 지난 총선의 우리 당 득표율은 49.9%였고, 이마저도 K-방역에 대한 외신의 호평으로 인한 반사이익이었음이 객관적 현실입니다. '박근혜 사학법 투쟁' 방식으로 정권 획득이 가능했던 것은 당시에 보수는 대한민국의 주류세력이었고, 언론지형도 유리했기 때문이라고 생각합니다. 그러나 이제 주류도 아니고, 언론지형도 기울어지고, 더구나 이제는 야당인 우리가 그 길을 간다면 '만년 야당'을 면하기 어려울 것입니다.

그러면 앞으로 어떻게 해야 할까요? 민주당의 강령에 따라 ①'중산층과 서민'을 위한 정책에 집중하는 한편, ②우리의 강점이자 자랑이었지만 지금은 잃어버린 '깨끗하고, 정의롭고, 책임지는' 정당의 위치를 복원하는 것입니다. 여기서 간과해서는 안 될 것은, 우리는 '절대다수 의석을 가진' 야당이라는 점입니다. 과거 민주당이 늘 경험했던 '소수' 야당이 아니기 때문에, 정부 여당을 견제하면서도 국정에 일정 부분 책임지는 모습의 야당이 되어야 합니다.

'중산층과 서민'을 위한 일은 윤석열 정부의 잘못된 정책에 우리가 '단호하고 책임있게' 현명한 방식으로 대처해 나가야 합니다. 법제사법위원장 문제에 대한 다수 의원님들의 의견도 이를 고려한 것이라 봅니다.

'깨끗하고, 정의롭고, 책임지는' 민주당은 우리가 내부에서 할 일입니다. 대선, 지선에서 책임 있는 위치에 있는 분들에 대한 치열한 논의가 계속되는 배경이라고 생각합니다. 특정 개인에 대한 문제가 아니라, 제가 민주당을 선택했던 핵심 이유였고, 우리 민주당원들의 자부심이고, 국민들에게 지지받았던 중요한 이유이기도 했던 '민주당다운' 모습을 먼저 회복해야 합니다.

이번 전당대회에 문재인 정권, 대선, 지선에서 책임 있는 위치에 있었던 분들이 나오지 않는 것이 당을 살리는, 국민의 신뢰를 회복하는 길이라고 다수 의원님들이 제기하는 이유일 것입니다. 지방선거에서 국민들께서 보여주신 '지그재그' 투표와 호남지역에서 나타난 투표 현상을 우리가 잘 헤아려야 합니다. 책임 정치, 대의명분 있는 정치의 복원이 민주당 혁신의 출발점이 되어야 할 것입니다.

…….

그때로부터 1년여가 지났습니다. 지금의 민주당이 여전히 국민의 신뢰를 회복하지 못하고 있는 이유를 생각하면 답답해지는 마음을 금할 길이 없습니다.

정책통이 되겠다는 결심

제가 공직에 몸담은 27년 동안 국가의 역할에 대해 깊은 회의감을 느낀 적이 있었습니다. 도대체 국가란 무엇인가, 국가는 국민을 위해 무엇을 해야 하는가…….

주파키스탄대사관 공사참사관으로 근무할 때의 기억입니다. 저는 2013년 8월에 부임해서 2년 동안 근무했는데 대사관 차석으로 대사관 업무를 총괄하면서 테러 등 안보업무를 담당했습니다. 당시 파키스탄은 테러가 아주 빈번했습니다. 일년 동안 테러로 인한 사망자가 5천 명을 넘었고 부상자는 수만 명에 달했습니다. 작은 규모의 총격과 테러는 일상적이었고 대형 폭탄 테러가 수시로 발생했습니다. 대사관 직원들은 사람이 많이 모이는 장소는 피해야 했습니다.

주로 파키스탄 탈레반이 정부를 공격하는, 테러라기보다는 내전에 가까운 전쟁이었습니다. 가장 끔찍한 것은 병원과 학교 등의 공공건물이나 시장 등 사람이 몰려 있는 장소에서의 폭탄 테러였습니다. 어느 학교에서는 학생 130여 명과 교사 9명이 사망했고, 어느 병원은 자살 폭탄 테러로 70여 명이 사망하는 참사가 벌어졌습니다.

정치의 온도

파키스탄 근무시 사진

냉탕과 열탕

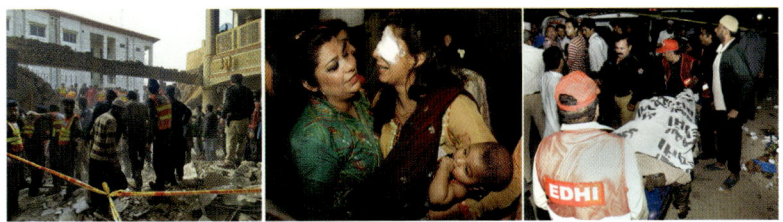

파키스탄 테러

　TV 뉴스에 방영되는 현장은 그야말로 아비규환이었습니다. 피투성이 아이의 시신을 부여안고 통곡하는 어머니들, 쓰러진 부모의 곁에서 넋이 나간 채 울지도 못하는 아이들, 파편을 맞아 피를 흘리며 구출되는 소녀들, 시장통에서 혼자만 겨우 살아남아 머리를 감싸 쥐고 있는 중년의 아버지……. 피가 강물처럼 흐른다는 표현 그대로입니다.

　또 당시의 파키스탄은 자연재해도 극심했습니다. 관개시설이 제대로 갖추어지지 않아서 우기가 되면 홍수를 피할 수가 없었지요. 흔적만 남은 집터에서 가족을 잃은 아버지나 어머니의 절망 가득한 눈동자를 자주 볼 수 있었습니다. 도처에 죽음의 그림자가 넘실대는 상황이었습니다. 사람들의 목숨이 파리 목숨처럼(적당한 다른 표현을 찾을 수가 없습니다) 흔하게 지워지는 것 같았습니다.

　대사관에서 창밖을 바라보거나 퇴근 후 숙소에서 긴 밤을 보낼 때면 많이 답답했지요. 파키스탄에 부임하기 전에 충분히 설명을 들었지만 막상 겪어본 현실은 정말 참기 힘들었습니다. 삶과 죽음이 혼재하는 하루를 힘겹게 넘기고 나면, 조금이라도 더 나은 내일이 있을지 장담하기 어려웠습니다. 저야 임기를

세상의 온도 | 79

마치면 이곳을 떠나겠지만, 이곳을 벗어날 수 없는 저들은 어떻게 내일을 기약할 수 있을까…….

도대체 국가란 무엇인가, 국가는 국민을 위해 무엇을 해야 하는가…….

선거가 끝나고 21대 국회에 등원하기까지 저는 위의 기억을 자주 떠올렸습니다. 정치란 무엇인지 저만의 언어로 딱 부러지게 정의하진 못했어도, 제가 국회의원으로서 무엇을 해야 할지는 대략 결정했지요. 시민이 내일을 설계할 수 있는 사회, 능력의 차이로 어쩔 수 없이 경쟁에서 뒤처지더라도 소외되지 않는 사회를 만드는 데 작은 힘이나마 보태고 싶었습니다. 그것이 '노짱'이 말했던 '사람 사는 세상'일 거라고 생각했습니다.

그렇다면, 국회에 들어가서 제가 해야 할 업무는 좋은 정책을 만드는 것이지요. 어쩌면 그렇게 정책을 입안하고 법률로 만드는 일은 제가 다른 당선자들보다 조금 더 잘할 수 있을 거 같았습니다. 명색이 공무원 짬밥(?)만 27년을 꽉꽉 채웠으니까요. 또 제가 재정경제원(지금의 기획재정부 전신) 법무담당관실에서 사회 전 부문의 정책과 관련 법률을 뼈 빠지게 공부했던 이력도 있어서 자신감도 있었습니다.

저는 그렇게 정책통이라고 불리는, 정책에 전문성을 가진 국회의원으로 자리매김하고 싶었습니다. 고시공부를 한 탓도 있겠습니다만, 법은 제가 좋아하는 분야이고 입법 활동이 국회 본연의 일이어서 저는 큰 희망을 품었습니다. 좋은 정책을 법률로 입안해서 모든 시민에게 최소한의 '기회의 평등'을 제공할 수 있다면, 그래서 시민 모두를 만족시킬 수는 없더라도 어느 누구도 불평등으로 인해 소외받지 않는 사회, 사람이 사람답게 살 수 있는 세상을 만들어 보고 싶었지요. 한 사회의 수준을 결정하는 것은 시장이 아니라 정치라는 명제를 현실에서 증명하고 싶었습니다.

정치의 온도

아파트값을 잡고 싶었는데……

21대 국회의원이 된 저는 국토교통위원회를 지원했습니다. 정책통 의원이 되겠다고 작정했으니 가장 시급한 정책의제를 감당하고 싶었고, 또 인구가 빠르게 늘어 국토·교통 분야의 현안이 많은 지역구 평택시의 사정도 고려했습니다.

지금도 그렇지만 2020년 당시에도 가장 논란이 되었던 부동산 문제를 어떻게든 해결하고 싶었습니다. 부동산, 특히 아파트 값의 안정은 정부뿐만 아니라 민주당이 정권을 감당할 능력이 있는지를 판단하는 시험대가 되었습니다.

그렇다고 제가 부동산 전문가라고 할 수는 없었습니다. 거의 반평생을 공무원으로 살면서 가진 집 외에 상가는 고사하고 땅 한 자투리 사본 적이 없었으니까요. 특히 공직생활의 상당 기간을 외국에서 근무했던 사람이라 집을 사고팔면서 재산을 늘릴 수도 없었지요. 서민들이 겪는 부동산 위기를 체감하는 정도도 상대적으로 크지 않았습니다.

사실, 나라 밖에서 보는 부동산 가격 상승은 비단 우리나라만의 문제는 아니었지요. 유럽의 주요 선진국도 부동산 폭등은 심각한

전년 대비 주요 국가 집값 상승률(20년 3분기 기준)

수준이었습니다. 독일에서는 세입자들이 임대료 상한제를 요구하는 시위가 주요 사회문제가 될 정도였습니다. 파리와 런던도 마찬가지였고, 제가 근무했던 튀르키예도 대도시를 중심으로 집값이 폭등해서 반정부 정서가 팽배했습니다.

이런 현상은 이후 팬데믹 시기를 거치면서 더욱 심화되었습니다. 경기 침체를 막기 위해 많은 국가가 재정을 무제한으로 풀었기 때문입니다. 거의 제로에 가까운 저금리의 '양적완화'로 유동자금이 넘쳐났고 팬데믹으로 실물경제가 어려우니 그 돈이 부동산과 주식으로 몰려갈 수밖에 없었습니다. 문제는 우리나라입니다. 집 한 채가 재산의 대부분인 일반 시민의 처지에서는 집값이 너무 올라도 문제이고 너무 급격하게 떨어져도 문제인 것이지요.

우리에게 부동산은 일종의 '소망'이라 할 수 있습니다. 가족 모두가 마음 편히 쉴 수 있는 공간, 집을 가지는 것은 인생 설계의 우선순위인 것이지요. 이 소망은 아버지의 아버지, 더 나아가 그 윗대부터 면면히 대를 이어 내려오는

2021년 5월 6일 "진단 대한민국 부동산정책" 토론회 주최

정치의 온도

기본적인 욕망의 감정이었습니다.

이 단순하고 지극한 감정은 그것이 해소될 때까지 그 소망의 크기를 좀 줄이거나 시간을 좀 늦출 수는 있겠지만 꾸짖거나 설득해서 바꿀 수는 없다고 생각합니다. 저는 그 소망을 실현할 현실적인 방법, 즉 정책을 찾고 싶었습니다. 누구나 집에 대한 소망을 가지고 있기 때문에 부동산 정책은 세심하면서도 치밀하게 설계되어야 했습니다. 정책이 허술하면 법률도 그만큼 구멍이 생기게 되고, 법의 빈틈을 노려서라도 소망을 이루려는 사람들이 넘쳐나게 됩니다. 선했던 소망은 그렇게 순식간에 무서운 욕망으로 변질할 수 있습니다.

타이밍을 못 맞추거나 모순된 제도 때문에 선의의 피해자가 생기는 경우를 우리는 자주 목격합니다. 역대 정부가 부동산 안정에 실패한 것도 정책 자체가 허술했거나 적절한 시기를 놓쳐서 그런 경우가 대부분입니다. 소망의 정도를 잘못 파악하거나 '뒷북'을 치는 바람에 원래의 취지와 다르게 부작용이 더 커서 폭등과 폭락이 반복되었던 것이지요.

이런 일을, 당시만 해도 부동산 전반에 대한 이해가 부족했던 저 혼자 덤벼들 수는 없지요. 뛰어난 자질과 경험을 갖춘 선배 동료 의원들한테 수험생처럼 열심히 배우고 익혀서 작은 보탬이라도 되려고 결심했습니다. 뛰어난 재주는 없어도 공부를 해야 하는 일이라면 열심히 할 각오는 되어 있었습니다.

초선 의원답게, 다른 의원들한테 혹시 민폐는 끼치지 않을까 하는 약간의 두려움과 꼭 해내겠다는 책임감으로 저는 21대 국회에 등원했고 국토교통위원회에 자리를 잡았습니다. 상임위원회 첫 회의는 마치 수험생이 시험장에 들어가는 심정이었지요. 열심히 정책을 만들겠다는 결심을 다지던 그때의 기억이 생생합니다.

우리 너무 막 나가는 거 아닌가요?

　세상일은 참 생각처럼 되지 않더군요. 제가 순진했던 것인지, 아니면 정치라는 것이 그야말로 '복잡계'여서 원래부터 한 치 앞을 볼 수 없는 세계여서 그랬는지 모르겠습니다. 국토교통위원회에서 좋은 정책을 만들겠다며 기세 좋게(?) 등원은 했는데, 한동안 일을 할 수 없는 상황에 놓였기 때문입니다. 원구성이 하염없이 늘어져서 그랬습니다.

　국회의원은 1개 이상의 상임위원회에 소속되어 활동을 하게끔 되어 있습니다. 입법부인 국회는 정부를 견제하기 위해 각 부처 및 정부기관을 관할하는 18개의 소관 상임위원회를 설치 운영합니다. 또 국회라는 큰 조직을 효율적으로 경영하기 위해 국회의장과 부의장, 그리고 상임위원회의 장과 여야 간사 등을 선출해야 합니다. 이런 과정을 거쳐 21대 국회 전반기 원구성을 하게 됩니다.

　그런데 21대 국회는 처음부터 심한 몸살을 앓았습니다. 법제사법위원장을 누가 차지하느냐를 두고 여당인 민주당과 야당인 국민의힘이 합의를 이루지 못했기 때문입니다. 법제사법위원회는 단원제인 우리 국회의 상원이라고 흔히 말합니다. 모든 법안의 자구를 심사하는 '법률안 총괄'의 역할을 하기

정치의 온도

때문입니다. 의원들이 발의한 법률안은 소관 상임위원회에서 논의를 거쳐 법제사법위원회에 모입니다. 최고 의사결정 기구인 본회의에 올리기 전에 마지막으로 법안을 심의하는 단계입니다. 비상수단이 없는 건 아니지만 관례상 법제사법위원회를 통과하지 못하면 본회의에 법률안을 회부하기가 어렵습니다. 이런 권능을 가진 까닭에 법제사법위원회를 '상원'이라며 못마땅하게 여기는 것도 한편 이해가 갑니다.

그런데 다른 측면에서 보면 또 그렇지 않을 수도 있습니다. 견제와 균형의 원리에 입각한 삼권분립 체제에서 법제사법위원회의 이런 권한이 대통령을 행정수반으로 하는 통치를 견제하는 입법부의 장치이기도 한 것이지요. 그래서 민주화 이후로 국회는 법제사법위원장을 야당이 맡는 게 관례가 되었습니다. 야당에게 집권여당을 견제할 수 있는 수단을 준 것입니다. 물론, 그 권한을 '견제'와 상관없이 정략적으로 악용한 사례도 많아서 늘 비판의 소지가 있었습니다.

어쨌든 21대 국회가 문을 열자마자 압도적 다수 의석을 차지한 민주당은 법제사법위원장을 여당이 가져야 한다고 주장했습니다. 야당인 국민의힘은 당연히 관례대로 야당이 맡아야 한다고 했지요. 민주당은 3대 개혁과제를 일사불란하게 추진하기 위해서는 개혁입법에 발목을 잡을 게 뻔한 국민의힘에 법제사법위원회를 맡길 수 없다는 입장이었습니다.

서로 한 치의 양보 없이 각자 목소리만 높이는 회의가 쳇바퀴 돌 듯 오래 이어졌습니다. 비유하자면 낡은 트럭의 공회전 같은 논박이었습니다. 국회라는 트럭은 움직이지도 못하고 독한 배기가스만 내뿜는 형국이었지요.

우여곡절 끝에 21대 국회 임기가 시작되고 한 달 반이 지난 7월 중순에야 원구성 협상이 마무리되었습니다. 결과는 의석의 3/5을 차지한 민주당이 18개 전체 상임위원회를 모두 차지하는 이상한(?) 모양이 되고 말았습니다. 정치 경험이 많지 않았던 저는 책임 정치라는 측면에서 보면 바람직한 점도 있다고 생각했습니다.

어쨌거나 첫 단추를 이렇게 꿰어서 그런지 상임위원회가 열린 후에도 야당과의 논의는 별로 매끄럽지 않았던 거 같습니다. 쉽게 넘어갈 수 있는 작은 문제도 서로가 까칠하니 결을 세웠습니다. 선거 때야 서로가 한 치 양보 없는 대결을 펼쳐야 하지만 국정을 살펴서 행정부를 견제하는 입장에서는 당연히 동료 의원으로서 힘을 모아야 할 경우도 있는 법인데……, 아무튼 그랬습니다.

이런 상황에서 그야말로 '속전속결'로 나타난 것이 소위 '임대차 3법'(임대차 신고제, 계약갱신 청구권제, 전월세 상한제) 개정안이었습니다. 치솟던 부동산을 잡으려는 부동산 정책입니다만, 정책은 만들기만 하면 되는 게 아니라 계란이 가득 담긴 바구니를 들고 살얼음판을 걷듯 해야 한다는 것을 새삼 느끼게 해준 사건이기도 했습니다.

정치의 온도

번갯불에 콩을 볶았더니……

　여야가 팽팽한 긴장 상태에서 2020년 7월 30일 '임대차 3법' 개정안이 국회를 통과했고 다음날인 7월 31일 오전 국무회의 의결을 거쳐 시행되었습니다. 7월 6일 발의한 법률안이 25일 만에 소관 상임위원회인 국토교통위원회와 법제사법위원회를 거쳐 본회의까지 통과한 것입니다. 그야말로 '속전속결'이었습니다.

　법이 시행되면 세입자는 기존 2년에다 추가 2년의 계약 연장을 요구할 수 있고 집주인은 자신이 실거주하는 등의 사정이 아니면 이를 받아들여야 합니다. 이때 임대료는 직전 계약액의 5%를 초과해 인상할 수 없습니다. 또 공인중개사가 했던 전월세 신고를 임대차 당사자가 직접 해야 합니다(이 내용은 시행이 1년 미루어졌습니다). 기존의 임대차 시장뿐만 아니라 매매시장까지 뒤흔들 정도의 파급력을 지닌 내용으로 되어 있었습니다.

　문제는 이 법안이 소관 상임위원회인 국토교통위원회와 법제사법위원회에서도 제대로 협의되지 않았다는 데 있습니다. 논란 끝에 국토교통위원회는 소관 법률인 전월세 신고제를 통과시켰습니다. 5% 전월세 상한제와 계약갱신청구권제는 법제사법위원회 소관이었지요.

부동산 규제지역의 확대

지금에서 당시를 돌아보면 무엇이 문제였는지 한눈에 알 수 있습니다.

많은 전문가들이 지적했듯이 집값은 금리와 깊은 연관이 있습니다. 금리가 오르면 집값이 내리고 금리가 내리면 집값이 오릅니다. 전세가도 집값에 따라 오르내리는 게 당연하지요. 또 어떤 원인에 의해서든 전세가격이 오르면 그만큼 집값 상승에도 큰 영향을 주게 됩니다.

이처럼 부동산, 특히 아파트 값은 전통적인 수요와 공급 곡선만으로는 충분히 설명할 수 없습니다. 단순 수치상으로도 그렇습니다. 2018년 기준 한국의 주택보급률은 104.2%였습니다. 전체 가구 수보다 84만여 채가 더 많았습니다. 거기에다 문재인 정부 초기에는 아파트 공급물량도 적지 않았지요. 그렇다면 공급이 충분한데도 집값이 들썩인다? 주택의 수요와 공급뿐만 아니라 다른 측면도 충분히 고려한 정책이 필요한 시점이었습니다.

2019년, 미국의 트럼프 대통령이 중국에 일종의 경제전쟁을 선포하면서

정치의 온도

무역 분쟁이 본격화합니다. '세계의 공장' 중국의 경기가 나빠지면 세계적인 불황의 가능성이 높기 때문에 우리 정부도 기준금리를 조금 낮춥니다 (1.25%). 그러자 집값이 슬슬 끓어오르기 시작했습니다. 그런데 2020년부터 본격적으로 코로나19가 유행하자 5월에 기준금리를 0.5%까지 내리면서 집값이 폭등하기 시작했습니다.

정부로서도 달리 대안이 없었습니다. 사회적 거리두기와 영업시간 제한으로 불경기가 명확한 시점에서 재정을 풀어도 모자랄 판에 금리를 올릴 수는 없었습니다. 부동산 가격의 급등은 전세계적인 현상이었습니다. 코로나19 팬데믹으로 각국이 돈을 많이 풀었고 경기 활성화를 위해 금리를 대폭 내렸기 때문이지요.

임대차 3법은 이런 상황에서 무주택자들을 위해 급하게 서둘러 처방한 부동산 대책이었지요. 번갯불에 콩을 볶듯 내놓은 정책에 대해 처음부터 우려가 컸습니다. 상식적으로 2년을 보장하던 전세기간을 4년으로 하면 임대인으로서는 새 세입자에게 무조건 전세가를 올릴 수밖에 없습니다. 한편 기존 세입자들은 5% 상한제가 있으니 5%만 올려주고 2년을 더 거주하는 방식을 선택하게 됩니다.

그런데 여기서 문제가 터집니다. 전세 제도가 제 기능을 하려면 기존에 살던 세입자가 이사를 가줘야 합니다. 그래야 다른 세입자들이 들어와서 균형을 맞추는 건데 계약갱신과 상한제를 활용해 2년을 더 거주하게 되면서 전세 물량이 확 줄어버린 것이지요. 수요는 그대로인데 공급이 줄면 값은 오를 수밖에 없습니다.

2020년 국토교통부 국정감사에서 부동산 가격 폭등 원인 지적

2021년 대정부질문에서 부동산 대책 문제 제기

안 그래도 상승기에 있던 집값은 연쇄반응을 일으킵니다. 전세 물량이 줄자 전세가가 폭등하고 집값에도 반영되기 시작하지요. 억억, 소리가 날 만큼 치솟는 전월세와 집값을 바라보던 시민들은 대출이자를 감당해서라도 당장 집을 사는 게 더 낫다고 판단합니다. '영끌'과 '갭투자'를 무릅쓰고서라도 당장 집을 사지 않으면 벼랑으로 내몰리는 심정이 들게 됩니다. 오르는 집값에 기름을 부은 격이 되었습니다.

이쯤 되면 정부가 아무리 부동산을 잡겠다고, 모든 수단을 동원하겠다고, 그러니 믿어달라고 해도 아무도 들어주지 않습니다. 그야말로 백약이 무효이고 속수무책입니다. 가뜩이나 저금리로 부동산 가격이 상승하는 시기에 임대차 3법은, '전월세가 안정'이라는 취지가 무색하게 정반대의 결과를 낳고 말았습니다.

한 번 덧난 상처는 헤집을수록 더 크게 번지는 법입니다. 부동산 정책이 역효과를 내면서 집값 상승 지역이 확산하자 정부는 규제지역을 더 확대합니다. 풍선효과가 나타난 것입니다. 부풀어 오르는 풍선의 한쪽을 눌러봤자 다른 쪽으로 불쑥 튀어나오는 풍선 말입니다.

이런 과정을 거쳐 민주당 정부의 부동산 정책은 결국 실패하고 말았습니다. 끝까지 망설이면서도 정부를 믿고 집을 사지 않고 버텼던 시민들의 원성이 하늘을 찔렀지요. 이 시기에 대출을 일으켜서라도 집을 장만했던 사람들과 그렇지 않은 사람들 간의 자산 격차는 크게 벌어졌습니다. 형제나 친척, 친한 동료들 간에도 상대적 박탈감으로 속앓이를 하는 사람들이 적지 않았습니다. 정부의 약속을 굳게 믿었던 사람들만 바보가 되었습니다. 게다가 집값을 잡겠다고 주택에 대한 각종 세금을 크게 올려서 조세저항도 커졌습니다.

이런 원망들이 축적되고 일종의 배신감이 중도층을 중심으로 광범위하게 퍼지면서 민주당은 결국 5년 만에 정권을 내주게 됩니다. 다른 요인도 많겠지만, 저는 지난 대선에서 민주당이 정권 연장에 실패한 가장 큰 이유가 부동산에 있다고 생각합니다.

사실 임대차 3법은 무주택자의 주거 안정에 도움이 되는 측면이 분명히 있습니다. 하지만 부동산시장이 활황이던 시기에 도입하면 부작용이 우려된다는 일부 전문가들의 경고도 있었지요. 이런 문제를 제기하기도 했지만 워낙 시급한 사안이라는 분위기에 묻혀버렸습니다.

임대차 3법이 본회의 안건으로 올라왔을 때 저도 찬성했던 의원 중의 한 사람입니다. 잘 몰라서 그랬다는 건 변명이지요. 명색이 정책 전문가가 되겠다고, 가장 시급한 부동산 문제를 어떻게든 풀어보겠다고 결심했던 저로서는 돌아볼수록 뼈아픈 실책이었습니다. 비록 초선이라 하더라도 더 붙들고 늘어졌어야 했는데 그러지 못했던 게 지금까지도 응어리가 되어 남았습니다. 정책판단의 중요성과 무서움을 가슴에 새기는 계기가 되었습니다.

정치의 온도

'검수완박' 해설

제가 지난 3년 동안 정치를 하면서 황망했던 대표적인 두 가지가 '임대차 3법'과 '2차 검수완박'이었습니다. 임대차 3법은 앞에서 말씀드린 것처럼 세입자를 보호하겠다는 취지와는 달리 집값 상승에 기름을 퍼부은 결과를 낳았습니다. 선한 마음으로 입안하고 집행한 정책이라도 결과는 얼마든지 달라질 수 있다는 사례입니다.

검경수사권 조정과 공수처 설치 법안이 포함된 '1차 검수완박'은 법제사법위원회를 거치지 않고 본회의에 상정하는 패스트트랙 절차를 밟으면서 20대 막바지 국회를 거의 마비시켰습니다. 결국 2019년 12월 30일 검경수사권 조정안(검찰청법, 형소법 개정안)과 공수처법이 본회의를 통과했습니다. 그리고 21대 총선에서 승리한 민주당은 국회가 개원하자 권력기관 개혁 입법을 서둘렀는데 검찰의 수사권을 완전히 경찰에 넘기는 내용이었습니다. 이를 흔히 '2차 검수완박'이라고 합니다.

검수완박, 즉 '검찰 수사권 완전 박탈'이라는 공격적인 조어(造語)에서 짐작하는 것처럼 이 정책은 원래 검찰과 경찰의 수사권 조정으로부터 시작되었습니다. 범죄혐의자를 재판에 회부할 수 있는 권한을 기소권이라고

하지요. 수사권은 범죄 유무를 확인하는 권한을 의미합니다.

　수사권과 기소권을 분리하자는 주장은 원래 인권보호라는 측면이 강조된 것입니다. 수사도 사람이 하는 일이어서 직접 수사를 하다 보면 심리적 편향이 작용할 수 있지요. 범인일 거라고 쉽게 가정하고 유죄 판결에 유리한 증거만 수집해서 기소를 할 가능성도 있다는 것입니다. 그래서 죄를 짓지 않은 사람도 처벌받을 수 있습니다. 실제로 무리한 수사와 기소 때문에 억울한 옥살이를 하고 개인이나 가정이 파탄났던 경우도 드물지 않습니다. 그런데 지금까지 우리나라는 기소권을 독점하고 있는 검찰이 수사권도 상당 부분을 행사해 왔습니다. 반면에 경찰은 수사할 권한만 가지고 있습니다.

　검찰의 무리한 수사와 기소권의 편의적 남용은 오래 전부터 심각한 문제로 지적되었습니다. 그래서 수사는 경찰이 하고 검찰은 재판에 회부할지를(공소라고 합니다) 판단하는 기소권과 재판 진행(공소 유지라고 합니다)을 전담토록 하자는 것입니다. 이것이 검경수사권 조정의 핵심 내용입니다.

　그런데 대한민국 건국 이래 70년 넘게 유지되었던 검찰의 권한 중에서 수사권을 당장 경찰로 넘겨주기에는 여러 문제가 있습니다. 오래 지속된 제도를 바꿀 때는 아무래도 완급조절이 필요하지요. 부작용을 최소화하기 위해서는 검찰이든 경찰이든 바뀌는 제도에 적응할 시간이 있어야 합니다. 그래서 나온 안이 수사권 중에서 6대 범죄는 검찰에도 수사권을 남기고 그 외의 범죄는 경찰이 모두 수사하도록 한 것입니다. 부패범죄, 경제범죄, 공직자범죄, 선거범죄, 방위사업범죄, 대형참사는 검찰도 수사할 수 있도록 한 것입니다.

공수처(고위 공직자 비리 수사처)는 검경수사권 조정에 더하여 검찰 권력을 견제하기 위해 설치되었습니다. 판사와 검사, 경무관급 이상 경찰, 대체로 2급 이상의 고위공무원과 직계 가족이 수사 대상입니다. 중요한 사실은 공수처가 수사권과 함께 기소권을 가졌다는 점입니다. 검찰의 기소독점주의를 깨뜨렸다는 상징적인 의미를 부여했습니다.

공수처에 대해서는 지금도 논란이 많고 저도 할 말이 많습니다만 20대 국회에서 처리된 안건이어서 제가 더 덧붙이기는 좀 그렇습니다. 다만, 공수처는 2020년 7월 15일 정식으로 출범했는데 그 뒤 출범 1주년 기념식도 비공개로 해야 할 정도로 위상이 초라해졌고, 출범 2년이 넘는 2023년 8월까지 단 한 건의 구속영장과 체포영장을 발부받지 못하고 있다는 사실만 지적하겠습니다. 공수처를 검찰개혁의 상징처럼 내세웠던 취지와는 달리 이후로 공수처의 존재감은 거의 사라져버린 것이지요. 임대차 3법이 역효과를 냈던 것처럼, 공수처 설치도 '당위성'만으로 정책의 성공이 보장되지 않는다는 것을 보여줍니다.

전술(前述)이 좀 길어졌습니다만, 제가 말하고 싶은 것은 2차 검수완박을 추진하는 과정에서 보고 느꼈던 정책입안 과정의 문제점에 대해서입니다.

'2차 검수완박',
또 번갯불에 콩을 볶았더니……!

　21대 총선에서 압승한 민주당은 의욕이 넘쳤고 '개혁과 혁신'이라는 구호가 가득했습니다.
　민주당은 검경수사권 조정과 공수처 설치라는 '1차 검수완박'으로 검찰개혁에 일정 정도의 성과를 낸 뒤였습니다. 검찰개혁에 앞장선다는 초선의원들을 중심으로 '2차 검수완박'이 추진되었습니다. 6대 범죄에 한정해 남아 있던 검찰 수사권을 완전히 폐지하기 위한 법률이 여러 개

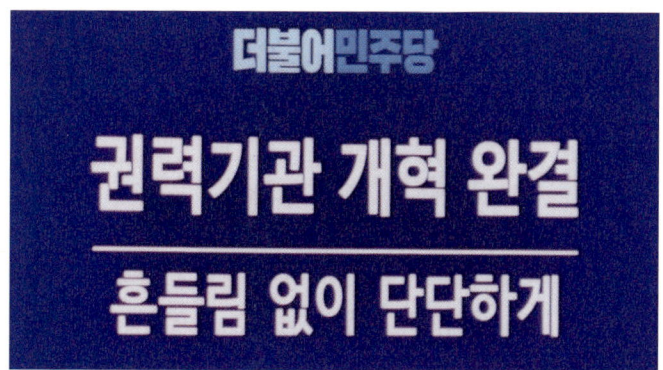

2022년 4월 12일 더불어민주당 의원총회에서 검찰개혁을 당론으로 추인

발의되었습니다. 당시 윤석열 검찰총장과 정부의 대립이 극한으로 치닫는 상황이어서 맞대응의 성격도 있었습니다. 당사자인 검찰총장이 검찰개혁에 대놓고 어깃장을 부리고 있었으니 민주당 의원들이 부글부글 끓었으니까요.

하지만 논의는 별다른 진전이 없었습니다. 우선 야당인 국민의힘이 한사코 반대했습니다. 또 문재인 대통령도 '1차 검수완박'의 결과로 조정된 검경수사권과 공수처가 안정되는 것이 중요하다는 입장으로 알려졌습니다. 무엇보다 당시에는 윤석열 검찰총장을 몰아내는 게 검찰개혁의 전부인 것처럼 비쳤습니다. 일종의 착시현상이 팽배했지요. 그 반작용으로 대선을 앞둔 야권에서는 윤석열 대망론이 불붙기 시작했습니다. 결국 대선을 1년쯤 남긴 시점에 검찰총장이 사퇴하면서 '2차 검수완박' 추진이 휴지기로 들어갑니다. 더 밀어붙이면 상대방 좋은 일만 시키는 꼴이 되었으니까요.

그러다 2022년 3월 대선에서 민주당이 패하고 정권교체가 확정되면서 뒤늦게 '2차 검수완박'에 불이 붙었습니다. 검찰총장까지 지낸 검사 출신이 대통령으로 임기를 시작하면 검찰에 남아 있던 6개 수사권까지 없애는 것은 대통령의 거부권 행사 등으로 어렵다고 보았지요.

저는 검찰로부터 수사권 완전 분리는 꼭 필요하다고 보았기에 그런 비판이나 정치적 의도보다 2차 검수완박의 정책, 그 자체가 더 궁금했습니다. 그래서 의총에서 검찰개혁을 앞장서서 추진하는 의원들에게 물었습니다. 검찰이 가지고 있는 6개 수사권이 어디로 가는지, 또 그렇게 되면 기존 검찰의 수사 인력과 예산 등을 다 검토해서 한꺼번에 입법에 반영해야 하는 거 아니냐고 말입니다.

상식적으로는 검찰의 수사권을 넘겨받을 수 있는 기관이 경찰밖에 없지요. 그게 아니면, 미국의 FBI처럼 별도의 수사기관을 만들어야 합니다. 게다가 모든 수사권을 경찰에 넘기면 아주 비대해지는 경찰 권한을 통제하는 방안도 고려하지 않을 수 없습니다. 검찰이 수사권에다 기소권을 독점했기 때문에 권한을 줄이자는 것이 검찰개혁의 명분이었으니 똑같은 논리를 경찰에도 적용해야 합니다.

그런데 돌아온 대답은 아무것도 정해진 게 없다는 것이었습니다. 당장 급하니 우선 검찰에서 수사권을 떼어내는 것부터 통과시키자는 겁니다. 어차피 정부 여당과 협상을 해야 하니 그때 정하면 된다, 검찰의 6개 수사권 빼서 '증발'시켜도 된다, 일단 수사권은 박탈하되 시행하기까지 유예 기간을 두고 그동안 특위 만들어서 협상하면 문제없다……. K-FBI(한국형 FBI)를 만들지 특수수사청을 만들지 논의하면서 합의해 나가면 된다고 설명합니다. 저로서는 검찰의 수사권을 전부 폐지했을 때 발생할 수 있는 문제점과 그 대책에 대한 검토가 부족했다는 것으로 이해했습니다. 수사권을 경찰에 넘긴다는 말은 끝까지 없었습니다. 경찰 권한을 통제할 방안까지 만들 시간이 없어서 그랬던 것 같습니다.

번갯불에 콩이라도 볶아야 한다며 하도 정신없이 밀어붙여서 저도 그 정도 선에서 말문을 닫았습니다만, 제대로 된 검찰개혁을 위해서는 부족함이 많다는 생각이 들었습니다.

'2차 검수완박'은 야당과의 협상도 제대로 하지 못했습니다. 곧 정권을 차지할 국민의힘이 뭐가 답답해서 검찰의 수사권을 완전히 넘기는 협상에

정치의 온도

합 의 문

1. 검찰의 직접 수사권과 기소권은 분리하는 방향으로 한다. 검찰의 직접 수사권은 한시적이며 직접 수사의 경우에도 수사와 기소 검사는 분리한다.

2. 검찰청법 제4조(검사의 직무) ①항 1호 가목 중 「공직자범죄, 선거범죄, 방위사업범죄, 대형참사」를 삭제한다. 검찰 외 다른 수사기관의 범죄 대응 역량이 일정수준에 이르면 검찰의 직접 수사권은 폐지한다.

3. 검찰의 직접 수사 총량을 줄이기 위해 현재 5개의 반부패강력(수사)부를 3개로 감축한다. 남겨질 3개의 반부패수사 검사수도 일정수준으로 제한한다.

4. 범죄의 단일성과 동일성을 벗어나는 수사를 금지한다(별건 수사 금지). 검찰의 시정조치 요구사건(형소법 197조의3(시정조치요구등))과 고소인이 이의를 제기한 사건(형소법 245조의7(고소인등의 이의신청))등에 대해서도 당해 사건의 단일성과 동일성을 해치지 않는 범위 속에서 수사할 수 있다고 규정한다.

5. 법률안 심사권을 부여하는 사법개혁특위를 구성한다. 이 특위는 가칭 '중대범죄수사청(한국형 FBI)' 등 사법 체계 전반에 대해 밀도 있게 논의 한다.
   - 중수청은 특위 구성 후 6개월 내 입법 조치를 완성하고 입법 조치 후 1년 이내에 발족시킨다. 중수청(한국형 FBI)이 출범하면 검찰의 직접 수사권은 폐지된다.
   - 중수청 신설에 따른 다른 수사기관의 권한 조정도 함께 논의한다.
   - 사법개혁 특위의 구성은 13인으로 하며 위원장은 민주당이 맡는다. 위원 구성은 민주당 7명, 국민의힘 5명, 비교섭단체 1명으로 한다. 사개특위는 모든 수사기관의 수사에 대한 공정성, 중립성과 사법적 통제를 담보할 수 있는 방안도 함께 마련한다.

6. 공수처 공무원이 범한 범죄는 검찰의 직무에 포함한다(검찰청법 제4조)

7. 검찰개혁법안은 이번 임시국회 4월 중에 처리한다.

8. 이와 관련된 검찰청법 개정안과 형사소송법 개정안은 공포된 날로부터 4개월 후 시행한다.

2022년 4월 22일

더불어민주당 원내대표	국 회 의 장	국민의힘 원내대표
박홍근 (서명)	박병석 (서명)	권성동 (서명)

2차 검수완박 관련 중재안 여야 합의문

임하겠습니까. 더구나 검찰총장 출신의 검사가 대통령이 되는 마당에 말입니다.

결국에는 검찰의 6개 수사권 중에서 2개(부패범죄, 경제범죄)를 남기기로 했습니다. 나머지 4개 분야(공직자, 선거, 방위사업, 대형참사 관련)는 6개월 내로 이관하고 검찰에 남긴 2개 분야는 1년 내로 이관하는 것으로 결론이 났습니다. 특위를 구성해서 6대 범죄를 이관할 수사기관에 대해 논의, 결정한다는 것이지요.

'2차 검수완박' 관련 법률 개정안은 문재인 대통령 임기를 열흘 정도 남겨두고 국회 본회의를 통과했습니다. 그리고 마지막 국무회의인 5월 3일에 의결되었습니다.

당시 검찰개혁에 관한 저의 생각은 이랬습니다.

수사권과 함께 기소권을 독점하고 있는 검찰 권한은 너무 막강하다. 누구든지 수사할 수 있고 또 마음만 먹으면 범죄혐의가 있더라도 수사하지 않을 수도 있다. 더구나 자신이 수사한 사건의 기소여부를 결정하는 것도 담당 검사이다. 엄청난 권한이자 권력이다. 민주적 방식으로 통제받지 않는 권력은 반드시 문제를 일으키기 마련이다. 대부분의 선진국이 수사권과 기소권을 분리하는 이유도 여기에 있다.

지금 우리나라는 세계 10대 경제대국이다. 일제 식민지에서 해방된 대한민국이 일제에 협력했던 경찰을 견제하기 위해 검찰에 부여했던 수사권과 기소권을 이제는 완전히 분리할 때가 되었다. 또 이렇게 검찰에서 수사권을 분리하면 사실상 검찰권력을 견제하기 위해 만든 공수처도 그 임무를 다하는 것이다. 이렇게 하는 것이 국민의 권리를 보장하고 공정하게 법질서를 집행하는 진정한 검찰개혁이다.

그래서 저는 지금도 검찰개혁 과정을 복기하면 아쉬움이 많이 남습니다. 방향에 대해서는 당연히 적극 찬성입니다. 그러나 기왕 하려면 좀 제대로, 국민과 공감대를 넓혀가는 과정이 더 필요했다고 생각합니다. 제대로 된 여론 수렴과 논의 과정을 거쳐야 제대로 된 정책이 나오는 법인데 지나치게 명분만 앞세운 건 아닌지 되돌아보게 됩니다.

개혁은 지금보다 훨씬 더 주도면밀한 준비가 선행되어야 한다고 생각합니다. 명분도 중요하고 의지도 중요합니다만 더 많은 사람을 우리편으로 만들어 개혁에 동참시키는 큰 기획도 중요합니다. 더 깊이 논의하고 여론을 살피며 신중하게 한 걸음씩 나아가야 합니다. 섬세하게 다루며 책임지고 설득하는 일을 게을리하지 않는 것이지요.

일련의 '검수완박' 과정을 복기하면서 저는 또 많은 걸 아프게 배웁니다. 지난 일을 돌이켜 잘못된 것을 반성하고 고치지 않으면, 그러니까 우리 자신이 스스로를 개혁하지 않으면 결코 제대로 된 개혁을 할 수가 없다고 생각합니다.

문자폭탄

2023년 2월, 이재명 대표에 대한 체포동의안이 국회 본회의에서 부결되었을 때 저에게도 수많은 문자폭탄이 왔습니다. 대선 경선에서 이낙연 캠프에 있었고, 당내 '반성과 혁신' 토론회와 '민주당의 길' 토론회에 적극 참여한 때문으로 보였습니다. 표결 내용을 밝히지 않으면 '가(可)'를 찍은 것으로 간주하겠다면서 입장을 밝히라고 요구했지요. 비난과 조롱이 섞인 내용도 상당히 있었습니다.

보좌진들은 저에게 투표 내용을 밝히자고 건의했습니다. 저는 많은 고민 끝에 아무런 답도 내놓지 않기로 결정했습니다. 어떤 답을 내놓더라도 상황은 더욱 어려워질 것으로 보였고 비밀투표 내용을, 저 스스로의 판단이 아니라, 외부의 압력으로 공개한다는 것은 민주주의 원칙에도 맞지 않는다는 생각 때문이었습니다.

국회의원이 되니 정치 현안이나 정책 이슈, 민원 등의 이유로 다양한 내용의 문자폭탄을 수시로 받고 있습니다. 때로는 휴대전화를 통한 의사소통에 상당한 장애가 초래되기도 해서 곤란한 적도 많지만, 주요 현안에 대한 사람들의 관심과 생각을 이해하는 계기가 되기도 합니다.

정치의 온도

정치 현안에 대한 팬덤(열성 지지층)의 문자폭탄이 논란이 되고 있는데, 저는 욕설과 무차별적 비난·비방이 아니라면 경청한다는 생각을 가지고 있습니다.

얼마 전에 마침, 민주당을 열렬히 지지하는 분들과 마주하는 기회가 있었습니다. 그분들의 목표는 다음 총선에서 민주당이 승리하는 것이었습니다. 저와 목표가 같아서 참 좋은 만남이었습니다. 다만 동일한 목표를 이루는 방식이 조금 다를 뿐이지요. 저는 대략 이런 취지로 말씀드렸습니다.

검찰 독재와 야당 탄압에 대해서 단결해 싸워야 한다는 주장에 저도 전적으로 동의합니다. 그러나 더 힘찬 싸움을 위해서는 국민의 신임을 얻으면서 나아가야 한다고 생각합니다. 총선에는 여러분처럼 열성적인 분들뿐만 아니라 더 많은 국민이 투표하기 때문입니다. 여러분들의 큰 목소리만큼이나 속으로 삭이는 국민들의 목소리도 중요하기 때문입니다.

그런데 민주당에 대한 국민의 신임이 좀처럼 회복되지 않고 있습니다. 대선에서 패배하고 촛불이 만든 정권을 넘겨주고 당지지율이 30%대 중후반을 맴도는 것을 보면 누구나 알 수 있는 사실입니다. 이런 사실을 인정하는 데서부터 우리는 출발해야 한다고 생각합니다. 왜 이렇게 되었는지 원인을 찾아야 합니다. 그래야 다음 총선을 어떻게 준비해야 이길 수 있을지를 알 수 있지 않겠습니까?

민주당은 집권을 목표로 하는 대중정당입니다. 똑같은 생각과 행동지침을 따라야 하는 운동단체도 아니고 정체성을 뚜렷하게 내세우고 강조하는 이념 정당도 아닙니다. 집권하기 위해서는 국민의 뜻을 따르고 모아서 집권할 수

냉탕과 열탕

있는 능력을 보여주어야 합니다. 아, 저 사람들이 정권을 잡으면 나라가 잘 될 수 있겠다는 신임을 얻어야 합니다.

그렇게 제 생각을 말씀드렸습니다. 열성적인 지지자 분들도 어느 정도는 수긍해주셔서 참 고마웠습니다. 이외에도 주위의 많은 분들이 저에게 좋은 말씀을 해주십니다. 제 생각을 분명하게 표현하는 게 꼭 정치를 잘하는 방식은 아니라는 충고도 많습니다. 때로는 하고픈 말이 있어도 참아야 하고 자기 생각과 달라도 인내해야 하는 게 제대로 정치하는 거라고…… 모난 돌이 정 맞는 게 어쩌면 세상 이치일지도 모르겠습니다. 그럴 때마다 노무현 대통령의 연설 한 대목이 떠오르기도 하고, 그렇습니다. 저도 그런 충고를 들을 때마나 적잖이 고민스러운 것도 사실입니다.

이 책의 앞에서도 수차례 언급한 것처럼 제가 비교적 안정된 외교관직을 내려놓고 '맨땅에 헤딩'하는 심정으로 출마했을 때, 저는 재정경제원과 통상전문가, 외교관으로서 그간 축적한 정책적 역량이 민주당에 도움이 되길 바랐을 뿐입니다. 열심히 공부해서 정책을 잘 만들고 제 고향 평택시민의 의견을 충실히 국정에 반영될 수 있도록 노력하면 된다고 생각했지요.

그런데 그것으로 정치인의 소임을 다하는 건 아니더군요. 여당이든 야당이든 정당이 제 역할을 하고 튼튼해야 한다는 걸 배웠습니다. 그래야 국민께서 정권을 맡기더라도 일 잘한 정부와 대통령이 나올 수 있다는 걸 뼈저리게 깨달았지요. 자신이 소속된 정당을 강건하게 만드는 일이 무조건 승복하고 따르는 데만 있지 않다는 것도 말입니다.

세상의 온도 | 105

세상의
온도

3장
생각의 온도
정치, 북한, 그리고 외교

생각의 온도

가짜평화라고요?

저는 중국에서 근무할 때 탈북 주민들을 많이 만났습니다. 그분들은 가난했고 불안했고 몹시 지쳐 있었습니다. 굶주리지 않으려고 압록강과 두만강을 넘었고 좀 더 자유롭게, 인간답게 살기 위해서 남한으로 가고자 했습니다. 북한에서 태어났다는 이유 하나만으로 그분들의 불행은 시작된 셈입니다.

역대 민주당 정부는 북한과의 관계 개선에 많은 공을 들였습니다. 제가 민주당에서 정치를 시작하게 된 가장 중요한 이유도 민주당 정부의 대북한 정책이 옳다고 생각했기 때문입니다. 민주당 정부에서는 남과 북의 최고책임자들이 만나 서로의 생각을 확인하고 그 차이를 줄이는 일에 노력했습니다. 아시는 대로 우여곡절도 많았고 온갖 노력에도 불구하고 대화가 원점으로 돌아간 적도 있었습니다. 분단 70여 년 동안 벌어진 오해와 생각의 차이를 줄이는 일이 쉬울 리가 없었으니까요. 그래도 마침내 개성공단을 열고 금강산에 오를 수 있었습니다. 대단한 성과였습니다. 무엇보다 서로의 생각과 감정을 주고받을 수 있었습니다.

정치, 북한, 그리고 외교

2004년, 탈북자 20명 베이징총영사관 진입 성공

2004년, 탈북자 44명 주중 캐나다 대사관 진입

개성공단에서 방명록을 작성하는 故 노무현 대통령

생각의 온도

　북한과 어떤 식으로든 만나서 대화하는 동안에는 전쟁의 위기로 치닫지 않았습니다. 휴전선에서 우발적인 충돌로 총알이 날아다녔어도 비상식량을 구하거나 생필품을 사재는 일은 없었습니다. 북한이 가지고 있는 핵을 당장 없애지는 못해도 비핵화의 방법과 시기에 대해서는 계속 만나고 얘기할 수 있었습니다. 남북 정상이 서로 원하기만 하면 언제든 전화통화가 가능했고 여차하면 판문점에서 '번개'도 할 수 있었지요. 동북아의 국제관계는 남북이 주도할 수 있었습니다. 중국과 일본에 대해서도 우리의 발언권이 강하게 작동했습니다.

　저는 이런 시기를, 남북 간에 갈등은 엄연히 존재했어도 서로의 처지를 이해하려고 노력하고 대화의 끈을 놓지 않았던 이때를 '평화의 시기'라고 불러도 된다고 생각합니다. 북한 때문에 한반도가 전쟁 일보 직전까지 가거나 동북아 전체에 핵전쟁의 위협이 고조되었던 때와 비교하면 그 차이가 확연합니다. 전쟁의 위기는 모두가 국민의힘의 전신인 보수정권에서 일어났던 일이었습니다.

　그런데 윤석열 대통령께서 그 '평화의 시기'를 '가짜평화'라고 낙인 찍었습니다. 국민의 생명과 안전이 걸린 복잡 미묘한 외교·안보 문제를, 마치 피의자를 다루는 검사처럼, 선과 악의 이분법적 태도로 접근하는 대통령이 '가짜평화'를 말합니다.

　지난 민주당 정부가 안간힘으로 만들었던 '평화의 시기'를 '가짜평화'라고 했으니, 그럼 '진짜 평화'는 무엇인지 궁금할 따름입니다.

북한의 도발적 발언에 '전쟁 불사'와 같은 강경한 언어로 대응하고, 북한의 미사일 시험발사에는 더 큰 규모의 미사일 발사 훈련과 핵잠수함을 비롯한 전략자산 전개로 대응하는 지금이 '진짜 평화'입니까? 북한과 모든 대화의 통로가 단절되어 있고 대화 재개의 가능성은 요원한 지금이 '진짜 평화'의 시대이며, 이렇게 하면 한반도의 최대 숙제인 북한 핵문제는 해결될 수 있나요? 과연, 우리 국민은 지금 한반도가 지난 정부 때보다 더욱 평화롭고 안전하다고 느낄까요? 국제사회는 지난 정부 때보다도 지금 '한반도 리스크'가 작아졌다고 평가할까요? 한반도 평화는 우리 경제는 물론, 국민의 생명과 안전이 걸린 절체절명의 과제입니다. 우크라이나를 보십시오. 1년 넘게 이어지고 있는 러시아와의 전쟁이 언제 어떤 모습으로 끝날지는 모르겠지만, 아무리 우크라이나에게 좋은 방향으로 종결된다 하더라도 지금까지 희생된 수많은 국민의 생명과 초토화된 국토는 돌이킬 수 없을 것입니다. 앞으로도 얼마나 큰 희생과 파괴가 뒤따를지 모릅니다. 윤석열 대통령께 부탁합니다. 부디, 열린 마음으로 한반도의 '진짜 평화'가 무엇인지 깊이 생각해주시기 바랍니다.

생각의 온도

정말 진정성이 있다면

　민주당이 지난 대선에서 패배한 뒤 제가 가장 우려했던 게 외교·안보 분야였습니다. 제가 외교관 출신이고 오래전부터 북한 문제에 관심이 많았기 때문에 그렇습니다. 또 우리나라는 진보와 보수세력이 집권할 때마다 대외정책, 특히 북한에 대한 대응전략이 손바닥 뒤집히듯 했기 때문입니다.

　민주화 이후 지난 20여 년 동안 우리는 대략 10년 주기로 보수 정부와 진보 정부가 교대로 집권했습니다. 그때마다 한반도는 전쟁 일보 직전까지 갔다가 금방 통일이라도 될 것처럼 분위기가 급변했습니다. 당연하게도 대북정책과 전반적인 안보전략도 극심한 변천을 겪었습니다. 역동적이고 드라마틱하다는 환호도 있었지만 외교를 담당하는 실무진들로서는 멀미가 날 지경이었습니다.

　아니나 다를까, 윤석열 정부가 들어서면서 남과 북은 다시 대결의 국면으로 돌아갔습니다. 판문점 도보다리에서의 '번개' 정상회담과 백두산 정상에 함께 올랐던 남북한 정상들의 환한 웃음을 본 게 엊그제 같은데 말입니다.

　북한과의 관계는 기본적으로 외교의 문제입니다. 법적으로는 '정전협정'에

정치, 북한, 그리고 외교

의한 준 전시상태이기 때문에 당연히 국방과도 긴밀한 관련성이 있지요. 그러나 북의 핵무기를 포함한 대북관계는 당사자인 남과 북이 해결하기에는 이미 너무 멀리 나간 사안입니다. 처음부터 미국과 일본, 중국과 러시아가 깊이 연관되었기도 합니다.

김대중, 노무현, 이명박 정부의 남북대화 개최 빈도

구 분		김대중 정부 (1998.3~2003.2)	노무현 정부 (2003.3~2008.2)	이명박 정부 (2008.3~2011.11)
총 계		78회	175회	10회
유형별		• 정상회담: 1회 • 장관급회담: 8회 • 차관급회담: 3회 • 국방장관회담: 1회 • 장성급 군사회담: 7회 • 경협추진위원회: 3회 • 금강산관광회담: 2회 • 적십자회담: 5회 • 체육회담(단일팀): 2회 • 기타 특사접촉, 군사실무회담, 경협실무접촉 등	• 정상회담: 1회 • 총리회담: 1회 • 장관급회담: 13회 • 차관급회담: 1회 • 국방장관회담: 1회 • 장성급 군사회담: 7회 • 경협추진협의회: 9회 • 적십자회담: 5회 • 용천재난구호회담: 1회 • 체육회담: 2회 • 기타 특사접촉, 철도 도로 해운협력 실무접촉 등	• 군사실무회담: 3회 • 개성공단 실무회담: 4회 • 금강산관광실무회담: 1회 • 남북적십자회담: 2회

상대국이 있는 외교에서 가장 중요한 것 중의 하나가 일관성입니다. 일관성이라고 해서 무조건 하나의 원칙만을 강조하는 것은 아닙니다. 예를 들면, 국가 간의 갈등을 대화로 풀어갈 것이냐, 아니면 전쟁으로 끝장을 볼 것이냐를 결정하는 것이지요. 대화로 풀겠다고 결정했으면 죽이 되든 밥이 되든 끝까지 대화할 수 있는 여건을 조성하고 상대가 협상 테이블로 나올 수 있도록 노력하는 것이 일관성입니다.

생각의 온도

"당신들이 핵을 포기하기 전까지는 대화는 물론이고 국물도 없어!"라는 건 일관성이 아니라 융통성이 없는 겁니다. 상대방이 받아들일 수 없는 조건을 던져놓고 만나자는 건 초등학생들도 하지 않는 유치한 방식입니다.

세계 10위권의 경제 대국에다 6위의 군사력을 보유한 우리나라입니다. 얼마든지 대범하게 만나자고 제안할 수 있지요. 그런데 윤석열 정부는 소위 '담대한 구상'을 던져놓고 대화의 문이 열려 있다고만 합니다. "북한이 진정성을 가지고 비핵화 협상에 나올 경우, 초기 협상 과정에서부터 경제지원 조치를 적극 강구한다"는 것입니다.

한눈에도 '진정성'이란 조건이 턱, 걸립니다. 이런 식으로 앞뒤가 바뀐 제안을 툭 던지는 것은 이명박 정부 때도 있었습니다. '비핵 개방 3000' 입니다. "북한이 비핵화·개방시 1인당 소득 3천 달러 사회가 되도록 해주겠다."는 것이지요. 표현만 다를 뿐 판박이 제안입니다.

우리가 과거를 돌아보는 것은 교훈을 얻기 위해서입니다. 성공한 일은 성공한 대로 더 보완하고 실패한 일은 되풀이하지 않으려는 것이지요. 이미 실패했던 정책을 이름만 바꿔 내세우는 건 분명 이유가 있을 겁니다. 왜 그럴까요?

저는 윤석열 대통령이 북핵 문제를 한반도 비핵화라는 평화의 관점에서 접근하는 것이 아니라, 정치적 이해에 따라 활용하기 때문이라고 의심합니다. 강성 보수 지지층의 결집을 염두에 두는 것이지요. 안보와 경제 분야를 중심으로 한미일과 북중러가 편을 먹고 대결 구도로 치닫는 신냉전의 흐름을 국내정치와 선거에도 확산하려는 '나쁜 정치'입니다. 또 여기에는 문재인 정부와의 차별성을 극대화하려는 정치적 계산도 포함되어 있다고 봅니다. 남북관계에 최선을 다했음에도 결과적으로는 구체적인 성과를 남기지 못한 민주당 정부의 실패를 반복해서 확인시키려는 것이지요.

북핵 문제를 포함한 남북관계에서 성공확률 100%의 묘책은 없어 보입니다. 지금까지는 대화하려는 정책과 대결하자는 정책이 모두 성과를 내지 못했습니다. 북한이 신뢰를 깨는 행동을 자주 했고, 또한 미국의 세계전략에 따라 북핵 문제가 다뤄졌기 때문입니다.

그러나 과거를 돌아보면 한 가지는 확실합니다. 남북이 대화를 진행하고 교류가 활발할 때는 우리가 동북아 국제관계에서 이니셔티브를 쥐고 있었다는 사실입니다. 주변 열강들이 우리에게 우호적이었고 우리의 의견을 경청했습니다. 하지만 남북이 대립하고 긴장 상태가 이어질 때는 사안마다 미국과 중국에 허락을 받아야 하고, 도와달라고 사정도 해야 하고 일본과도 상의해야만 했습니다. 지금도 그렇습니다. 북핵 문제 해결과는 별개로 이런 현상만으로도 국익에 드러나지 않는 리스크가 작동하는 것입니다.

그래서 말씀드립니다. 윤 대통령의 '담대한 구상'을 실천하려면, 그 기획이 그냥 던져보는 제안이 아니라 진심이라는 것을 북한에 전달해야 합니다. 그러려면 북측을 만나서 제안의 진정성을 전하고 그들의 반응과 생각을 들어보아야 합니다. 만남의 실효성을 높이려면, 단계적인 해결방안을 구체적으로 정리한 안을 준비하는 것도 방법일 것입니다. 미국과 우리가 같이 협의해서 북에 제안한다면 더 좋겠지요. 그동안의 경험도 있으니 서두르지 말고, 10년이든 20년이든 길게 보고 갔으면 합니다. 최소한 한반도의 비핵화와 평화를 위한 협상과 대화가 이어지는 동안에는 동북아가 평화의 시대를 누릴 수 있도록 하는 것이지요.

'담대한 구상'에 대한 북한의 반응

게다가 북한은 우리가 주의 깊고 세심하게 다루어야 할 '미지의 시장' 이기도 합니다. 우리가 어떻게 하느냐에 따라서 함께 번영을 찾을 수 있는 시장입니다.

각국이 보호무역주의로 수출의 문턱을 높이고 있습니다. 글로벌 경제에서 안보를 가장 중요한 가치로 지목한 지난 5월의 히로시마 G7정상회의는 그동안 지속됐던 세계화가 끝났음을 의미합니다. 수출주도형 성장을 기반으로 했던 우리나라 산업체계가 머지않아 큰 난관에 봉착할 수도 있습니다. 무역의존도를 낮추면서도 성장을 유지하기 위해서는 내수를 확대하는 수밖에 없습니다.

이런 점에서도 북한과의 협력은 가치가 있습니다. 개성공단의 상품경쟁력은 우리가 익히 경험했습니다. 작은 가능성이라도 놓치지 않고 앞날을 대비하는 게 외교이고 안보입니다. 미국이 주도하는 국제관계가 언제 어떻게 변할지 우리가 미리 알 수 없기 때문에 더욱 그렇습니다.

덧붙이자면, 이참에 북핵 문제를 포함한 남북관계만큼은 우리 내부적으로 최소한의 정치적·사회적 합의를 만들었으면 합니다. 대화든 대결이든 방향만이라도 합의하는 방법을 찾아보자는 것입니다.

남북관계가 도무지 출구를 찾을 수 없을 정도로 꼬인 것은 사회적으로 최소한의 방향성도 합의하지 못했기 때문이라고 생각합니다. 독일의 재통일 과정을 생각해보면 지금 우리가 얼마나 많은 사회적 정치적 비용을 소진하고 있는지 안타까울 따름입니다. 사회민주당 출신의 빌리 브란트에서 출발한 독일 재통일을 향한 여정은 기독민주당과 자유민주당이 연정을 거치며 베를린 장벽이 무너질 때까지 일관되게 유지되었습니다. 당시 서독의 보수층과 미국의 명시적인 반대에도 그 기조는 유지했던 것이지요.

외교는 일관성이 정말 중요합니다. 뒤늦었지만 이제부터라도 북핵 문제를 풀어가는 데 우리라도 일관성을 유지하려면 보수 정권인 윤석열 정부에서

> 생각의 온도

 그 방향만큼은 공론화 과정을 거쳤으면 합니다. 노태우 정부의 북방정책이 큰 성과를 거둔 것도 북한 문제에 강경했던 보수 정권이 앞장서서 추진했기 때문이었던 것처럼 말입니다.

 일제의 식민지로 36년을 살아온 경험과 심각한 전쟁을 치르면서 분단의 아픔을 공유하고 있는 나라가, 70여 년이 넘도록 민족문제와 분단에 대해 최소한의 합의도 이루지 못하고 있는 것은 비극입니다. 그러면서도 우리나라가 선진국 대열에 진입하고 세계 6위권의 군사 강국이 된 것은 기적입니다. 이 비극과 기적의 간극 사이에 우리가 있습니다.

정치, 북한, 그리고 외교

'디커플링' 아니고 '디리스킹'이랍니다

　윤석열 정부의 지난 1년 동안 대중국 정책은 거칠게 표현하면 '무시'라고 할 수 있습니다. 상대하지 않는 것이지요. 미국이 요구하는 세계질서 재편 전략에 자발적이고 적극적으로 부응하기 위해서입니다.

　미국이 대외정책에서 중국을 견제하기 시작한 게 어제오늘의 일은 아닙니다 다만, 트럼프 정부가 노골적으로 중국과 대립했고 바이든 정부가 들어선 후에는 한층 구체화 되었습니다. 트럼프 정부가 단독으로 중국과 부딪쳤다면 바이든 정부는 민주주의와 시장경제라는 가치를 공유하는 국가들로 편을 짜기 시작한 겁니다. 미국과 전통적으로 보조를 맞추었던 EU도 합류합니다. 목적은 대중국 견제입니다. 명분은 현재의 글로벌 공급망 체계를 재편해서 지속적이고 안정적인 공급 체계를 재구축한다는 것이지요. 팬데믹 기간 동안 '세계의 공장'인 중국이 멈춰 서자 전세계 경제가 몸살을 앓은 경험을 공유했기 때문입니다.

　여기에 우크라이나 전쟁의 여파로 미국 유럽과 러시아의 갈등이 깊어졌습니다. 러시아와 중국이 밀착하면서 과거 50년대에 형성되었던 냉전체제가 21세기도 20년이나 지난 지금에 다시 나타난 것처럼 보입니다.

세상의 온도 | 119

'신냉전'이란 표현도 그리 틀린 말이 아니지요.

　중국에서 6년 넘게 외교관으로 지냈던 저는 윤석열 정부의 미일 편중 외교에 대해 내내 불안한 생각을 지울 수 없습니다. 중국을 너무 쉽게 판단한다고 느꼈기 때문입니다. 중국은 만만한 나라가 아닙니다. 중국이 세계에서 가장 큰 소비시장이 되고 있다는 점에 주목해야 합니다. 그 시장에 우리가 참여하기 위해서는 한중관계를 개선하는 게 정말 중요하지요. 상품 무역뿐만 아니라 관광산업이나 영화와 음악 게임 등의 콘텐츠산업에 미치는 영향도 상당합니다. 중국은 이미 미국 GDP의 80%를 넘어섰고, 많은 첨단 과학기술 분야에서 세계적 수준에 이르렀습니다.

　그런데도 작년 6월 나토 정상회담에서 경제수석은 '중국에 의존하는 수출시대는 이제 끝났다.'라는 취지로 공언합니다. 우리의 수출시장에서 '탈중국'을 선언한 거나 마찬가지입니다. 중국과 비즈니스를 준비하는 우리 기업을 크게 위축시키는 발언입니다.

　여기에다 윤 대통령은 '힘에 의한 현상 변경을 반대한다'면서 '대만 문제는 단순히 중국과 대만만의 문제가 아니고 남북한 간의 문제처럼 전세계적인 문제로 볼 수밖에 없다'라며 대만 문제를 건드렸지요. 기대 이상으로 과감해서 미국과 일본의 칭찬을 받았을지는 몰라도 무슨 의도로 중국이 가장 예민하게 반응하는 문제를 우리나라 대통령이 굳이 건드렸는지 저는 이해하기 어렵습니다. 미국과 일본과 유럽이 한 편이 된 진영에서 우리나라가 가장 앞장서서 중국을 압박하는 모양새를 취했기 때문입니다.

　혹시라도, 미국이 뒤를 든든하게 받쳐준다고 생각해서 그랬을까요?

그러나 국제관계에서는 뒷배만 믿고 앞으로 돌격하는 바보짓을 하는 나라가 없습니다. 돌격할 때 하더라도 부지런히 계산을 하고 이익을 따집니다. 지금 우리의 최대교역국이 중국입니다. 먹고사는 게 중요한 게 아니라 자유와 이념이 더 중요하다면 할 말은 없습니다만, 그런 얘기는 대선 때 국민들 앞에서 공개하고 지지를 요청했어야 할 얘기입니다. 대한민국의 미래를 자유와 이념을 중심으로 결정하겠다는 얘기를 저는 들어본 적이 없습니다.

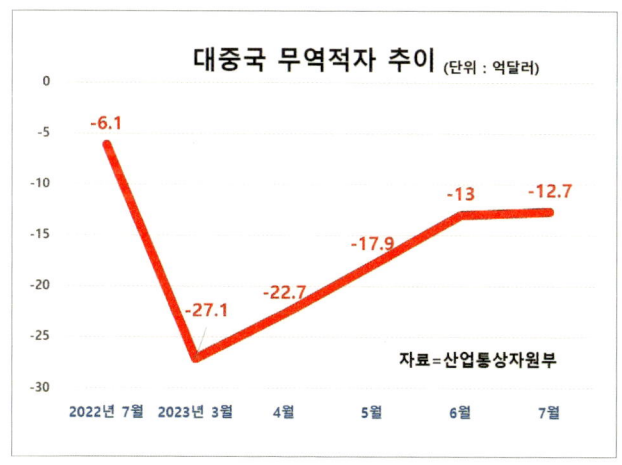

'두 눈'으로 세계를 보아야 합니다. 외눈으로 미국과 일본만 바라보는 외교에서 한시바삐 벗어나야 합니다. 끝날 때까지 끝난 게 아니다, 라는 명언은 야구에만 해당되지 않습니다. 국제관계야말로 정말 그렇습니다.

> 생각의 온도

그런데 아니나 다를까, 히로시마 G7 정상회의 공동성명에서 대중국 정책을 '디리스킹(de-risking)'이라고 했습니다. 그동안 미국이 밀었고 우리나라가 흔쾌히 치고나갔던 '디커플링(decoupling)'이란 용어가 사라졌습니다. 디커플링은 '분리'라는 의미가 강합니다. 헤어진다는 것이지요. 디리스킹은 아직 그 뜻이 명확하지 않은데 사전적으로는 '위험 줄이기' 정도로 해석할 수 있습니다. 디커플링보다는 상당히 완화된 의미라는 것은 분명합니다.

어쨌든, 히로시마 G7 정상회의에서 그동안 미국의 대중국정책 기조가 변한 것은 확실한 것 같습니다. 바이든 미국 대통령은 "미국과 중국이 (지금과는 다르게) 매우 빠르게 해빙을 시작할 것"이라고 선언했습니다. 이보다 앞서 4월 하순에 미국의 제이크 설리번 국가안보보좌관은 "우린 중국과 책임 있게 경쟁하고 우리가 할 수 있는 영역에서는 협력하려고 한다."라고 말했습니다. 그럼 일본과 미국과 연달아 정상회담을 하면서 편가르기 진영외교에 앞장섰던 우리는 어떻게 되는 건가요? 이 뿐만 아닙니다. 지난 6월에는 토니 블링컨 미 국무장관이 방중해서 시진핑 주석과도 만났습니다. 금년 내에 미중정상회담도 점쳐지고 있습니다.

한편, EU는 2019년 대중전략 문서에서 중국을 "동반자이자 경쟁자이자 라이벌"이라고 규정했습니다. 이게 무슨 의미일까요? 중국이 적이라는 건지 한 편이라는 건지 도무지 짐작하기 어렵지요?

제 나름대로 정리하면 이렇습니다. 유럽은 처음부터 미국의 '디커플링' 정책에 호의적이지 않았습니다. EU의 중심국가인 독일과 프랑스가 중국과의 경제협력 관계가 매우 깊기 때문입니다. 미국으로부터 아무런 대가도 없이 그

좋은 시장을 포기할 이유가 없지요. 프랑스 마크롱 대통령은 "대만 문제에 대해 유럽인은 미국의 졸개가 아니다"라고 언론 인터뷰를 해버립니다.

다음으로 미국을 볼까요? 미국은 대중국 제재(주로 중국기업들에 대한 제재)를 주도하면서 기세를 올렸지만 뒤를 돌아보니 사정이 여의치 않습니다. 작년에 미국과 중국의 교역은 역대 최고치였고 중국과의 무역적자가 무려 3,800억 달러를 기록했습니다. 나중에는 몰라도 당장은 중국에서 수입하는 물건을 대체할 수 있는 '공장'이 없습니다. 미국의 글로벌 리더십이 예전에 비해 상당히 약화된 것입니다. 그러니 디커플링을 슬그머니 내리고 디리스킹에 한쪽 다리를 걸치지 않았을까 합니다.

일본은 외교에 있어서는 윤석열 정부와 비교힐 수 있는 나라가 아닙니다. 일본은 철저하게 미국의 편에 선 것 같지만 아닙니다. 지난 4월에도 외무상이 중국을 방문해 중국 외교의 대표급 인사들을 만나 장시간의 공식, 비공식 회담을 했습니다. 경제회복(리오프닝)이 시급한 중국의 약점을 파고든 것이지요.

이처럼 다들 미국의 편을 들면서 중국과도 긴밀하게 협의를 하고 있었습니다. 디리스킹의 의미는 바로 이렇게, 좀 거칠게 말하면 '전략적인 양다리'를 걸치는 것이라고 저는 생각합니다. 협력이 가능한 영역을 찾아 긴밀하게 협의하는 것! 그래서 EU가 중국을 "동반자이자 경쟁자이자 라이벌"이라고, 자신도 잘 모를 성싶게 뭉뚱그린 것이지요. 순진무구한(?) 우리만 곧이곧대로, 미국보다 더 미국스럽게, 한없이 충직하게, 최전선에서 '돌격 앞으로!'를 감행한 모양새 된 것은 아닌지요? 용감하게 앞장서서 돌격하다가 뒤돌아보니 우리 뒤에는 아무도 없는 황당한 상황이 올 수도 있음을 알아야 합니다.

　약간은 다행이랄까, 윤 대통령께서 G7정상회담 이후에 디리스킹을 이렇게 설명했습니다. "특정국에 대한 과도한 의존을 줄이는 다변화를 의미한다." 미국의 대중국정책 기조가 급변하자 우리도 수습을 서두르는 것 같습니다. 또 현 정부의 외교 실세인 김태효 안보실 차장은 "우리와 중국이 전략대화를 시작할 것"이라고 말합니다. 1년 넘게 곁눈질 한 번 주지 않던 중국과 그게 어떻게 가능할지 짐작하기 어렵습니다.

　그렇더라도 저는 기대해 보겠습니다. 중국과의 관계를 예전만큼이라도 잘 복원해 주실 것이라 믿어 보겠습니다. 한류가 다시 중국에 상륙하고, 우리 제품이 차별받지 않고 중국 시장에서 경쟁하도록 해주실 것을 진심으로 기대하겠습니다.

2023년 6월 21일 더불어민주당 민생경제위기대책위원회 중국 방문 외교 관련 기자간담회

'절반의 물잔', 일본을 이해하는 훈련?

　제가 알기로 '절반의 물잔' 비유는 인식론의 영역입니다. 누구는 물이 반밖에 안 남았다고 생각하고, 또 누구는 반이나 남아 있다고 생각하는 것이지요. 긍정적 인식과 부정적 인식의 차이를 설명하는 비유입니다. 그런데 정상회담에서 논의될 핵심의제와 그 내용을 설명하면서 '절반의 물잔'을 일본에 내밀겠다는 비유를 들었습니다. 선문답이 따로 없습니다. 외교를, 그것도 역사적 정치적으로 첨예한 이해관계가 맞물린 일본과의 외교를 선문답처럼 할 수는 없습니다. 공동합의문이나 성명은 단어 하나의 의미까지도 파헤쳐서 해석하는 게 기본이거든요.

　그래도 저는 정부 당국자가 '절반의 물잔'으로 한일정상회담에 대한 기대치를 설명할 때, 혹시나 뭔가 큰 계획과 구상이 있을 수도 있다고 여겼지요.

　그런데 정상회담을 마친 뒤에, 그러니까 윤석열 대통령이 '오므라이스'를 잘 드시고 귀국한 며칠 뒤에는 생각이 바뀌었지요. 회담의 내용을, 무슨 얘기가 어떻게 오갔는지, 그래서 우리가 얻은 게 뭔지 도무지 확인할 수가 없어 그랬습니다.

　두 가지 결론을 유추할 수 있습니다. 하나는, 공식회담이든 만찬 대담이든 어느 누구에게도 밝힐 수 없는 극비 사안을 협의했다는 것. 다른 하나는, 정말

생각의 온도

합의한 게 아무것도 없다는 것!

위안부 문제, 원전오염수 방류 문제, 독도 문제가 거론되었을 거라는 의혹은(일본의 언론플레이일 뿐이라고 극구 부인하니) 잠시 접어두겠습니다. 강제징용 배상문제도 원점에서 한 걸음도 나아가지 못했습니다. 저는 제3자 배상방식 및 구상권 포기를 대안이라고 꺼냈을 때, 지금의 집권 세력이 국민을 얼마나 가볍게 여기는지를 짐작했습니다. 돈에 이름표가 없으니 시간이 지나면 안 받을 수 없을 거라고 보는 게 아니라면 그런 대범한(?) 제안을 할 수는 없었을 겁니다. 그래도 밀어붙일 작정이었다면, 일본 기업을 끼워 넣는, 구색을 맞추려는 시늉 정도라도 했겠지요.

저는 그런 대목에서 정말 화가 났습니다. 대체 무슨 자격으로, 수십 년 동안 고통받은 시민과 그 유가족들을 저토록 거칠게 취급하는지 모르겠습니다.

외교 경험은 그래도 제가 약간 있으니, 조언을 조금만 드리겠습니다.

첫째, 외교에서 현실은 눈에 보이는 하나만 존재하는 게 아닙니다. 만약 그랬다면 독일의 재통일은 불가능했을 겁니다. 보이지 않는 것을 보이게끔 하는 것은 상상력입니다. 모래시계가 시간을 떨어지는 모래알로 보여주는 것처럼 시간을 모래로 상정할 수 있는 상상력이 필요합니다. 모르면 물어봐야 합니다. 전문가들이 모여서 숙의하고 그 내용을 공론화시켜야 합니다. 질문하고 답하는 과정에서, 그리고 답을 이해하려는 과정에서 상상력이 길러지는 법입니다.

둘째, 지도자는 세상을 자기 희망대로 단순화하면 안 됩니다. 그러면 보고 싶은 것만 보게 됩니다. 외국과의 외교는 정말 그렇습니다. 그들은 바보가 아닙니다. 그들은 단순하지 않습니다. 그들은 과거에서 배우고 끊임없이 미래를 그려봅니다. 상대국의 힘을 측정하고 자기의 국력과 비교합니다. 그 힘의 크기에 따라 외교 전략을 수정합니다.

일본만 해도 그렇습니다. 그들이 개항하면서 세계에 눈 뜨고 열강들과 전쟁을 치르면서 외교에 단련된 시간만도 100년을 훌쩍 넘습니다. 일제시대는 물론이고 이후로도 그들은 끊임없이 한반도의 변화에 관여해왔지요. 남북관계가 좋을 때 그들은 더욱 한반도에 발을 담궜습니다. 하노이 회담의 결렬에 아베 수상의 몸부림(?)이 있었다는 사실을 잊으면 안 됩니다. 그런데도 그들의 '선의'를 기대하며 '절반의 물잔'을 내미는 것을 참으로 납득하기 어렵습니다.

더구나 윤 대통령은, 문재인 정부의 대북정책을 북의 '선의'에만 기댔다고 비난했습니다. 백번 양보해서, 마땅한 결과물이 없었으니 그렇게 보고 싶다면 그리 볼 수도 있겠습니다. 그럼 '절반의 물잔'을 내밀면서 일본의 '선의'만 기대했다가 빈손으로 돌아온 건 뭐가 되나요?

셋째, 그래서 지도자는 겸손해야 합니다. 그래야 다른 사람의 말을 들을 수 있습니다. 마치 혼자만 다 아는 것처럼, 모든 걸 다 알고 있는 것처럼 행동해서는 안 되는 이유가 여기에 있다고 생각합니다. 외교의 실패는 대통령에게만 책임이 돌아오지 않습니다. 전 국민이 감당해야 하는 리스크가 되기 때문입니다.

신자유주의 경제학파의 대가 프리드리히 하이에크가 남긴 글귀 하나를 적어둡니다. 일본의 선의에 기대는 외교는 이제 그만했으면 하고 바라면서 말입니다.

"지옥으로 가는 길은 선의로 포장되어 있다."

세상의
온도

4장

정책의 온도

법률안, 공약, 그리고 평택

정책의 온도

우등생보다 개근생

21대 국회에 등원하면서 제가 다짐한 것은 '수험생처럼' 열심히 공부하겠다는 거였습니다. 아마 대부분의 동료 초선의원들도 그렇게 작심했을 겁니다. 저마다 살아온 경로와 성취한 내용은 달라도 국민을 대표하는 입장이 되었으니 당연한 일이었습니다.

그래도 의욕만 가지고 정책전문가가 될 수는 없지요. 제가 선택한 '공부방식'은 가능하면 많은 공부 모임에 참석하는 것이었습니다. 학교로 말하자면, 최대한 수업을 많이 듣는 것이지요. 아직 모든 면에서 부족한 초선이다 보니 '선택과 집중'도 뭘 알아야 할 수 있을 것 같았습니다. 정책전문가가 되겠다는 포부도 일정한 훈련을 거치면서 지식과 경험이 쌓였을 때 비로소 가능할 테니 말이지요.

제21대 국회 개원

밖에서 생각하는 것과 달리 국회의원은 공부하지 않으면 버티기가 힘든 직업입니다. 선배들인 다선 의원들은 그래도 경험치가 있지만 특히 초선의원은 공부하지 않으면 내공이 금방 들통나고 말지요. 제대로 준비 않고 상임위원회 회의에 들어갔다가는 등골에 식은땀을 흘리기 일쑤입니다. 소관부처 담당 공무원들의 평가는 정확하고 매섭습니다.

국회의원은 공식적으로 국회에서 정한 상임위원회와 당이 임의로 구성하는 특별위원회에서 활동할 수 있습니다. 또 동료의원들이 자발적으로 만든 연구 모임도 상당히 많습니다. 마음만 먹으면 공부에 치여 과로사(?) 할 수도 있는 직업이 국회의원입니다.

저는 21대 국회 전반기에 3개의 상임위원회 위원으로 활동했습니다. 국토교통위원회(국토위)와 정보위원회(정보위), 그리고 국회운영위원회(운영위)입니다.

2021년 국회 국토교통위원회 국정감사

정책의 온도

국토위는 제가 조금 욕심을 냈던 상임위원회입니다. 나날이 발전하는 평택에 국토교통 분야 현안이 많았습니다. 또한 정책통으로 평가받는 국회의원이 되고 싶었으니 가장 시급했던 부동산 문제에 정면승부를 걸어야겠다고 생각했습니다. 도대체 뭐가 문제여서 날고 긴다는 부동산 전문가가 수두룩한 국토교통부가 저렇게 헤매고 있는지 궁금하기 짝이 없었지요.

외교관 출신인데 부동산 공부는 제대로 하고서 그랬냐고 물으신다면? 솔직히, 그건 아니었습니다. '끝장을 보겠다'는 결심, 요즘 유행어처럼 '중꺾마(중요한 것은 꺾이지 않는 마음)' 하나만으로 뛰어들었습니다. 부동산 관련 전문가들과 담당 공무원은 물론이고 관련 협회와 현장에서 관록을 쌓은 분들을 모셔서 간담회, 토론회, 세미나, 개인 과외까지 받아가며 공부했습니다.

제가 애착을 가지는 것 중에는 문재인 정부 때 발표한 각종 부동산 정책을 모두 정리한 파일이 있습니다. 공부하는 틈틈이 숙제하듯 정리한 것입니다. 제법 두툼한데 그중에서 수십 년 동안의 부동산 동향을 정리한 그래프를 대정부 질문 때 사용한 적이 있지요. 나중에 국토교통부 장관이 파일을 줄 수 없냐고 요청해서 흔쾌히 내준 적도 있습니다.

어쨌거나 공부라는 게 모르는 게 많아서 스스로 다급할 때는 잘 모르지만 지나고 보면 끔찍하게(?) 느껴질 때가 있지요. 지금 고시공부를 다시 하라면 아마 그럴 겁니다. 부동산 공부도 지나고 보니 만만치 않은 작업이었더군요. 규제 관련법의 개정과 그 취지에 맞춘 금융과 세제의 변천 과정만 훑어보는데도 혀를 내두를 지경이었습니다. 그렇게 1년 6개월을 공들여서 '부동산 3종 지역규제 개선 방안'을 개정안의 형태로 만들 수 있었습니다.

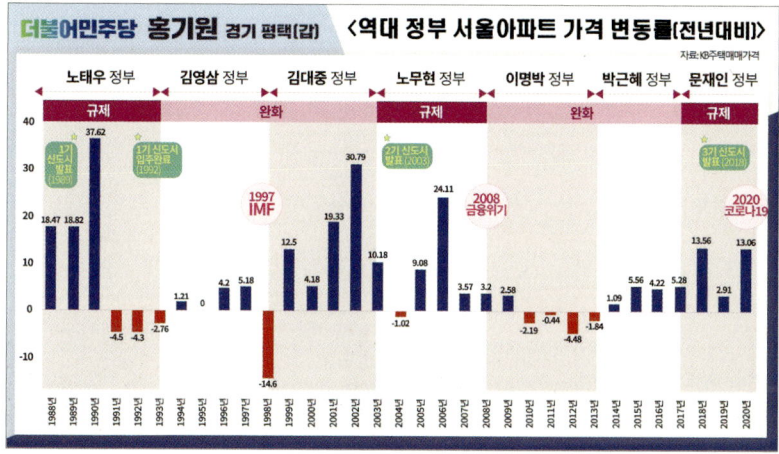

역대 정부 서울아파트 가격 변동률

　무엇보다 대한민국에서 부동산은 소망을 넘어 누구나 원하는 욕망이 되었다는 것, 마치 부글부글 끓는 용광로와 같아서 일방적인 규제 정책으로 다뤄서는 안 된다는 것, 시민의 감정과 정서까지 고려하여 세심하고 치밀하게 정책을 구성해야 한다는 것, 국정 최고책임자와 국민 사이에 신뢰가 바탕이 되어야 한다는 것 등등을 알게 되었습니다. 부동산이야말로 개인의 자산 문제를 넘어 정권의 흥망과도 직결될 수 있다는 것도 말이지요.

　저는 이런 생각을 바탕으로 민주당의 '반성과 혁신' 토론회에서 문재인 정부 부동산 정책의 문제점에 대해 반성하는 내용을 발표했습니다. 또 가덕도신공항특별법안을 심의하면서 선거가 국가정책에 미치는 부정적 측면을 돌아보는 계기도 되었습니다.

정보위에서는 국가정보원의 어두웠던 역사를 청산하고 새롭게 태어나도록 하는 데 관심을 가지고 활동했습니다. 김규현 국정원장 인사청문회 때 후보자가 '문재인 정부의 북핵문제 해법이 미국과 달라서 한미관계에 소홀했다'는 취지의 답변에 제가 목소리를 높이기도 했습니다. 대한민국과 미국의 이익이 일치하느냐? 미국과 다른 입장을 취했다고 해서 우리가 잘못한 것이라고 평가하느냐? '미국의 국무부 장관이냐'고 다그친 기억이 납니다.

2022년 5월 25일 국회 정보위원회 김규현 국가정보원장 후보자 인사청문회

정보위는 대부분 기밀을 다루는 일이어서 공식적인 브리핑 이외에 자세한 내용을 이 자리에서 소개하기는 어렵습니다. 다만 선출되지 않는 권력기관은 어떤 형태로든 민주적인 통제와 감시 시스템이 필요하다는 것을 절실히 느꼈습니다. 특히 권력을 남용했던 전력이 있는 기관은 더욱 그렇습니다. 검찰도 예외가 아닙니다.

운영위는 제가 21년 5월에 민주당 원내부대표로 선임되면서 참여한 상임위원회입니다. 민주당 초선의원 모임인 '더민초'의 운영위원 자격으로 원내대표단에 합류하면서 이루어진 일입니다. 인사청문회에서 제기되는 후보자 가족의 사생활 중계 등 인권 침해에 관해 집중적으로 문제를 제기했었지요. 청와대와 국가인권위원회, 국회를 담당하는 위원회여서 국정 전반을 폭넓게 들여다볼 수 있었던 기회였습니다. 후반기에는 국토교통위원회를 다시 하고 있고, 더하여 첨단전략산업특별위원회와 예산결산특별위원회까지 하게 되어 여전히 바쁘게 일하고 있습니다.

한편으로 당에서는 다양한 특별위원회에서 활동했습니다. 주거복지특별위원회(위원장), 부동산특별위원회, 반도체기술특별위원회, 산업재해예방TF, 사회적 참사TF, 경제위기대응특별위원회, 민생우선실천단 등이 그것입니다.

2021년 10월 15일 더불어민주당 반도체기술특별위원회 회의

> 정책의 온도

이재명 대표 체제에서 주거복지특위위원장을 맡게 된 것은 국토교통위원으로 부동산 정책과 관련해 활발한 활동을 하여 인정을 받았기 때문이라고 생각됩니다. 위원장으로 부동산 3종 지역 규제 개선 대책 토론회를 개최하였고, 전세사기 대책 등 주거 복지를 위한 활동을 전개하고 있습니다.

부동산특별위원회는 부동산 문제를 깊게 파고든 점을 평가받아 위촉되었습니다. 이런 성격과 역할의 특위가 보다 일찍 구성되었더라면 문재인 정부의 부동산 문제가 그처럼 악화되지는 않았을 거라는 아쉬움이 컸습니다. 그랬더라면 청와대에서 일방적으로 결정한 정책을 당이 그냥 통과시키지 않고 문제점을 따지고 대안이 아니면 절충안이라도 제시하는 형태로 적절하게 견제를 할 수 있었을 테니까요. 윤석열 정부가 들어선지 1년이 지난 지금에서 돌아보면 더욱 그렇습니다.

반도체기술특별위원회는 문재인 대통령께서 삼성전자 평택캠퍼스에 방문하여 K-반도체 발전 전략 발표를 계기로 구성된 특위입니다. 첨단전략산업 특별법 제정 및 카이스트 평택캠퍼스(반도체학과 중심) 유치에 힘을 쏟을 수 있었지요.

산업재해예방TF는 고 이선호 군이 평택항에서 산재 사고로 사망한 사건을 계기로 구성되었습니다. 충격적인 사고여서 국토건설 분야에서 산재예방을 위해 여러 법적 제도적 개선 방안을 논의했지요. 이를 바탕으로 '건축물관리법', 일명 '광주붕괴사고 방지법'을 대표발의하여 입법 분야 의정대상을 수상하는 단초가 되었습니다.

사회적참사TF는 세월호 참사 및 가습기 참사 사건 후속 조치를 위해 구성된 기구입니다. 이 TF는 제가 개인적으로 세월호 참사의 진실 규명 작업에 관심이 깊어서 자발적으로 참여했습니다. 미국은 2001년 발생한 911 테러 진상조사에만 꼬박 3년이 걸려 2004년 7월에 최종보고서를 발표했습니다. 또 '영국판 세월호'인 힐스버러 참사는 26년 만에 진실을 찾는 모습을 보면서 실질적인 진상 규명 노력의 중요성에 관심이 컸기 때문입니다.

경제위기대응특별위원회는 제가 경제와 국제문제에 전문성이 있음을 인정받아 참여하게 되었지요. '러시아-우크라이나 침공과 NATO 정상회의 참석 이후 경제안보영향' 세미나를 개최하고 '우크라이나 전쟁'이 향후 한반도와 동북아 질서에 미칠 영향 등을 다각도로 검토하는 계기를 마련했습니다.

제가 이렇게 다양한 특별위원회에서 활동하는 것은 능력이 뛰어나서라기보다 앞뒤 견주지 않고 그냥 '열심히' 하기 때문인 것 같습니다. 저는 일단 특별위원회에 들어가면 최대한 회의에 참석합니다.

우등생보다 개근생이 먼저라고 생각하는 '개근생주의자'이지요. 전문가들을 자주 만나야 빨리 알 수 있어서 그렇습니다. '반성과 혁신', '민주당의 길' 토론회에도

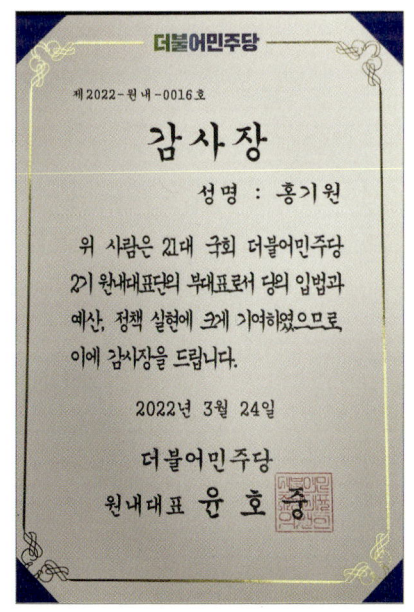

제21대 국회 더불어민주당 제2기 원내부대표 활동 감사장

정책의 온도

특위에도 누구보다 열심히 참석했습니다. 공부를 잘 못하면 출석이라도 열심히 해야 중간은 할 수 있다는 게 4년차 국회의원인 저의 지론이 되었지요.

기왕 말이 나온 김에 한 가지 더 소개하자면, 국회는 보통 평일 아침 7시 반쯤에 샌드위치나 김밥을 먹으며 의견을 나누는 조찬모임이 아주 많습니다. 다들 바쁘기 때문에 이른 아침이 아니면 모여서 의논하기가 쉽지 않아서 그렇습니다. 중요한 간담회나 세미나가 잡히는 경우도 많습니다. 공부할 수 있는 좋은 기회이지요. 제가 소속된 모임이 아니더라도 중요한 주제의 모임에는 옵저버(observer) 형식으로라도 참석해서 귀를 기울입니다.

이재명 대표께서 경기지사일 때 의원회관에서 중요한 국가아젠다를 주제로 토론회와 세미나가 많았습니다. 대선행보를 겸하는 일정이었는데 아마도 제가 가장 출석률이 높았던 사람 중의 하나이지 않을까 합니다. 제 지역구가 경기도여서 더욱 의무감으로 참석했지요. 지역구가 있는 광역지방자치단체장에 대한 예의는 갖추어야 한다고 생각했습니다.

지역구의 크고 작은 모임과 행사도 그런 마음으로 참석합니다. 그래서 몸과 마음이 다 피곤하지만 그래야 할 일을 다 마쳤다는 생각이 드는 걸 어쩌겠습니까.

법률안, 공약, 그리고 평택

국민을 반으로 나누는 대통령의 법률안 거부권

입법 주체는 크게 국회와 정부로 나눌 수 있습니다. 정부 입법은 정책의 필요성으로 정부부처에서 법안을 만들어 국회의 심의를 거칩니다. 국회 입법은 헌법기관인 국회의원이 제안하면 10명 이상의 동료의원들이 동의해야 발의할 수 있습니다. 소관 상임위원회의 법안심사소위원회와 상임위원회 전체회의, 법제사법위원회 검토, 본회의 통과 절차를 거쳐야 행정부로 넘어가지요. 최종적으로는 행정부 수반인 대통령의 재가를 받아 국무회의 의결 절차를 거쳐 공표됨으로써 법적 구속력을 가지게 됩니다. 제가 처음 공무원을 시작하던 시기에는 정부 입법이 대부분이었습니다. 지금은 국회의 고유권한인 입법권의 취지에 따라 의원발의 입법이 압도적으로 많습니다.

법률안이 이런 절차를 반드시 거쳐야 하는 이유는 절차 자체가 공론화 과정이기 때문입니다. 다양한 경험과 생각과 계층을 대표하는 분들이 법안을 검토하고 의견을 첨삭함으로써 혹시나 있을지도 모를 부작용을 최소화하는 것이지요. 법은 도덕의 최소한이면서 동시에 시민의 기본권을 상당부분 규율하기 때문입니다.

정책의 온도

　이런 입법 과정에도 3권 분립의 원리에 따라 행정부와 입법부 사이에 견제와 균형이 작동합니다. 국회는 정부 입법을 상임위원회나 본회의에서 통과시키지 않고 돌려보내는 것이지요. 정부는 국회를 통과한 법안에 대해 대통령이 거부권을 행사하여 국회의 재의결을 요구하는 방식입니다.

　공무원 출신인 제 경험에 의하면 정부 입법과 의원 입법에는 다른 점이 있습니다. 단순하게 표현하면, 공무원들이 만드는 법안은 의원들이 발의하는 법안보다 상대적으로 아주 '꼼꼼'합니다. 입안과 검토과정에 전문가들이 참여하는 절차를 거칩니다. 다른 사정을 고려하지 않고 법안의 원래 목적에 충실합니다. 부처간 협의, 규제심의기관 심의와 국회 심사를 거치기 때문에 문제될 부분은 없는지 보고, 보고, 또, 봅니다. 무서운(?) 의원들한테 한 번 걸리면 마무리되기까지 그야말로 가시밭길이거든요.

　그에 비해 의원 입법은 상대적으로 정치적 판단이 많이 작용합니다. 같은 취지의 법안이라도 정치적 유불리와 시민의 반응을 염두에 두게 됩니다. 정치인에게 있어서 정책은 넓게 보면 정치의 연장이라서 지지율과 다음 선거를 고려할 수밖에 없어서 그렇기도 합니다.

　이런 점에서 보면 가장 영향력이 큰 정치인이기도 한 대통령의 법률안 거부권 행사는 거의 정치적 판단으로 보아도 무방합니다. 국회에서 여야가 어떤 형태로든 합의한(야당의 단독표결로 처리된 법안도 다수결의 원리라는 국회 권능에 따른 것이니까요) 것을 정치적 부담을 무릅써가면서 재의결을 요구하는 데는 다른 이유가 별로 없습니다.

　좀 거칠게 표현하면 대통령이 법률안 거부권을 행사하는 순간부터 우리가 마주하는 현실은 하나가 아니게 됩니다. 대통령의 거부권에 동조하는 시민들과 반대하는 시민들이 갈라지게 됩니다. 윤석열 대통령이 최근에 거부권을 행사한 양곡법과 간호법이 대표적입니다.

양곡법 개정안은 정부가 홍보하는 것처럼 남는 쌀을 '전량 수매'하라는 내용이 아닙니다. 국회 논의 과정에서 (김진표 의장의 중재안으로) 의무 매입 기준이 느슨해졌거든요. 원래 발의한 초안보다 상당히 양보하면서 민주당이 오히려 농민들로부터 원성을 들을 정도였습니다. 이 개정안이 아니더라도 쌀값이 폭락하면 평균 3천억 정도는 정부가 매입하는 게 관례처럼 지켜져 왔는데도 그렇습니다.

모순적인 것은 지난해 12월, 정부가 '중장기 식량안보 강화 방안'을 발표했다는 겁니다. 기후위기와 전쟁 같은 외부 충격에도 주요 곡물 수급을 안정

양곡관리법 1인시위

정책의 온도

시키겠다는 것이지요. 2020년 기준 19.3%에 불과한 식량자급률을 55.5%까지 끌어올리겠다는 게 목표라고 합니다. 그런데도 정부는 지난 1년 동안 국회가 이 문제를 붙들고 논의할 때도 아무런 대책을 내놓지 않다가 거부권을 발동했습니다. 쌀농사를 지으란 건지 말라는 건지 정부 입장을 모르겠습니다.

지금까지 역대 정부를 통틀어 쌀은 시장 상황과 별 상관없이 지켜야 할 가치 품목이었습니다. 쌀농사는 '국민의 삶을 책임지는 국가'라는 오랜 명제의 상징이었지요. 열심히 농사지으면 그래도 정부가 책임져주는 시스템이었습니다. 그런데 이 오랜 신뢰관계를 거부권 한 방으로 깨트린 것이지요.

국내총생산에서 농림어업 부문이 차지하는 비중은 2%에 불과합니다. 대기업의 법인세는 감면하고 고가의 아파트 재산세도 감면하고 소득세 구간도 줄여주면서 '2%짜리'는 눈곱만큼도 봐줄 수 없다는 선언으로 보이지 않겠습니까?

간호법 거부권 행사는 그야말로 충격적이었습니다. 다른 사람의 약속은 빼더라도 윤석열 대통령 후보가 직접 간호법 제정을 약속한 동영상만 몇 편을 보았습니다. 원희룡 당시 윤석열 대선 캠프 정책본부장이 다짐하는 영상도 확인했습니다. 그래놓고 "말만 했지 공약은 아니었다." 라는 변명은 참 염치없는 짓입니다.

솔직하게 말씀드리면 저는, 5월 16일 국무회의에서 간호법 거부권을 행사하는 윤 대통령을 보면서 대통령이 아니라 법을 공부해서 고위공무원이 되었던 한 인물의 인격을 의심하게 되었습니다. 팬데믹 기간 동안 삶을 갈아 넣었다는 간호사들과의 약속을 저렇게 뒤집을 수도 있나 싶었습니다.

어쨌거나 거부권은 행사했고 우리가 살아가는 현실은 두 개로 쪼개졌습니다. 대통령이 보는 현실과 시민이 보는 현실이 너무 달라서 이해하기가 어렵습니다. 화물노동자, 건설노동자, 농민, 그리고 간호사까지 국민으로부터 갈라졌네요. 다음은 누구 차례인지 모르겠습니다.

나중에, 대통령께서 하셨으니 알아서 몽땅 책임지세요! 라고 하기에는 그동안 우리 모두가 감당해야 할 기회비용이 너무 크지 않을까요? 세상 고민 혼자서 다 하는 것 같고 난세를 구하는 영웅이 되는 것 같지만, 대통령이라고 해서 세상 모든 일을 혼자서 감당할 수는 없기 때문입니다.

2022년 9월 21일 더불어민주당 쌀값정상화 TF 성명서 발표 기자회견

2023년 4월 3일 쌀값정상화법 공포촉구결의대회

2023년 9월 1일 윤석열 정권 폭정 저지 민주주의 회복 촛불 문화제

2023년 7월 7일 윤석열 정권 후쿠시마 원전 오염수 투기반대 촉구 결의대회

정책의 온도

귀를 기울였더니 복을 받았습니다

2020년 늦여름, 보좌관의 지인이 제기한 민원이 있었습니다. 평택에는 개발 붐이 일어나서 택지개발사업이 한창입니다. 개발예정지로 확정되면 도시계획이나 택지개발사업 등으로 집이 헐리게 된 철거민이나 원주민에 대해서는 보상책으로 입주권이 주어지게 됩니다. 이걸 속칭 '딱지'라고 합니다.

택지개발 사업의 시행자는 이렇게 생활근거를 상실한 주민에게 이주대책용 택지를 공급할 수 있습니다. 또 이주대책용 택지를 공급받은 사람은 시행자의 동의를 받아 해당 택지를 전매할 수 있습니다. 그런데 이 전매 계약이 무효라는 대법원 판결이 나오면서 난리가 났습니다. 그전에는 딱지전매계약이 상관행으로 인정되어 왔었거든요. 전매로 택지를 매수한 사람들을 상대로 무효 소송이 무더기로 제기된 것입니다. 저를 찾아온 분들도 이주자 택지 분양권을 전매 계약을 통해 매입했다가 소송에 휘말린 것입니다.

이와 관련한 민원의 내용은 이랬습니다.

대법원 판결이 나자 속칭 브로커들이 딱지를 매각한 원주민들을 찾아다니며 소송을 제기하는 서류에 도장만 찍어주면 소송비용을 받지 않는 것은 물론이고 몇천만 원씩 받아주겠다며 회유하여 줄소송이 제기되고 있다는

2021년 6월 4일 평택고덕발전협의회 감사패 전달식

것이지요. 딱지를 샀던 사람들은 그 토지에 집을 지어 살거나 상가를 내어 생활을 꾸려가고 있었습니다.

그런데 소송을 제기한 이들은 그 토지를 원상복구해서 돌려주든지 그렇지 않으면 적게는 수천만 원에서 많게는 억 단위에 이르는 돈을 합의금으로 내놓으라는 것이었습니다. 당사자들로서는 아닌 밤중에 홍두깨, 혹은 마른하늘에 날벼락일 수밖에요. 게다가 소송 제기 서류에 도장을 찍어준 원주민들은 대부분 고령자로 구체적인 내용도 잘 모르는 분들이 많았습니다. 사정이 이러니 해당 지역의 토지와 건물은 권리 관계가 불안정해져서 거래도 위축되고 금융기관 대출도 어렵게 되었지요. 더 심각한 문제는 이런 일이 비단 평택에만 국한된 게 아니라는 것이었습니다. 전국의 택지개발 지역의 사정이 비슷했기 때문입니다.

정책의 온도

처음 이 문제를 접했을 때, 저는 솔직히 좀 당황했습니다. 평생 부동산에 관심이 없었던 터라 딱지가 뭔지 이주자 택지가 뭔지도 잘 몰랐던 저로서는 민원의 내용도 이해하기 어려웠거든요. 저는 금방 '수험생 모드'로 돌입했습니다. 모르면 배워서 알아야 하니 공부하는 수밖에 없지요. 우선 사건의 원인 제공이 된 대법원 판결문부터 찾아서 분석했습니다. 그런 다음 전문가를 모시고 배우면서 토론하고 문제풀이의 가닥을 잡아나갔습니다.

내용을 파악할수록 이게 보통 문제가 아니란 걸 알았습니다. 자칫하면 전국적으로 난리가 날지도 모르겠다는 걱정이 앞섰습니다. 몇 달간 국토교통부와 협의하고 씨름하면서 결국 두 개의 법을 개정하는 방법이 최선이라는 결론에 도달했습니다.

법 개정의 방향은 이랬습니다.

토지 공급계약 이전에는 전매 행위를 금지하고, 그래도 전매를 할 경우에는 사업시행자가 토지 공급계약을 취소할 수 있도록 했습니다. 또, 대법원 판결 이전에 관례적으로 해왔던 전매계약은 예외로 인정해서 권리관계를 안정시키도록 했지요. 택지개발촉진법과 공공주택특별법을 개정해서 문제를 한 번에 해결할 수 있었습니다.

지역민들의 작은 목소리 하나로 국가정책의 구멍을 메울 수 있다는 사실을 깨달았습니다. 당시 소송을 당하던 수백 명의 고통을 바로 해결하였고 향후로도 계속 피해자가 나올 수 있는 문제를 예방했다는 점에서 정말 보람이 컸습니다. 이런 게 민생에 직결되는 사안이 아닌가 합니다.

법안 발의에서 본회의 통과까지 4개월쯤 걸렸는데, 법안의 조기 통과를 위해 여야 동료의원들을 설득하고 문제의 심각성을 알리는 데 공을 들였습니다. 공들인 만큼 효과가 컸고 평택 시민들의 칭찬도 많이 받았습니다.

  민원을 제기했던 분들이 고맙다고 감사패를 주셨는데, 마음 같아서는 제가 되려 감사패를 드리고 싶었지요. 김대중 전 대통령께서 말씀하신, 민생현장과 입법 정책이 따로 떨어진 게 아니라는 것을 직접 체험하도록 해주셨으니 이보다 고마울 데가 어디 또 있겠습니까. 이후로 저는 지역민들의 조그만 민원도 가볍게 여기지 않고 소중하게 생각하고 처리하는 마음을 가지게 되었습니다.

정책의 온도

끙~ 법 하나 만드는 데 1년 6개월씩이나!

지난 4월 부동산 관련 개정법률안 4개를 한 묶음으로 대표발의 했습니다. 처음 법안 개정 작업에 착수한지 꼬박 1년 6개월이 걸렸습니다. 저를 도와주는 보좌진들이 고개를 절레절레 흔들 정도로 물고 늘어졌던 법안입니다.

제가 온 힘을 쏟은 법률안은 부동산 규제지역 제도를 개선하는 것이 그 골자였습니다. 주택법, 소득세법, 지방세법, 도시 및 주거환경정비법이 주요 개정사항에 해당되고 이외에도 문구 수정 등의 영향을 받는 법률이 15개에 달합니다.

이 개정안은 이를테면, 지난 3년을 국토교통위원으로 활동했던 저의 과거 부동산 문제에 대한 중간결산보고서라고 할 수 있습니다. 지난 민주당 정부에서 가장 비판받았던 부동산 문제를, 정권은 바뀌었어도 민주당 소속의 국토교통위원인 제가 나서서 실패한 이유를 밝히고 그 방향을 바꾸려고 노력한 것이지요. 이 문제는 여당과 야당의 입장에서 바라볼 문제도 아니고 보수와 진보의 기준으로 나눌 문제도 아니라고 생각했습니다. 민주당이 유능한 정책정당으로 인정받기 위해서는 누군가 반드시 짚어보고 고쳐야 한다고 작심했지요.

법률안, 공약, 그리고 평택

부동산 3종 지역규제 개선을 위한 4법 발의 기자회견

정책의 온도

지난 몇 년간 국민을 가장 아프게 한 것이 부동산 문제였습니다. 정권마다 주요 정책으로 집값 안정, 부동산시장의 안정화를 내세웠지만 자산 격차는 더 벌어졌고 내 집 마련의 꿈은 요원해졌습니다. 난마처럼 엉켜버린 부동산 정책의 매듭을 어디서 어떻게 풀어야 할지 아무도 자신할 수 없는 지경이 된 것입니다.

제가 열심히 부동산 문제를 공부해보니 부동산정책 실패의 중심에 부동산 지역규제가 있다는 결론에 도달했습니다. 마침(?) 주택가격이 하락하는 지금 부동산 규제정책 개편으로 부동산시장 안정에 선제적으로 대비하는 것이 그나마 소를 잃고서 외양간이라도 고쳐두는 방법이라고 생각했습니다.

그동안 정부는 조정대상지역, 투기과열지구, 투기지역 등 '부동산 3종 지역규제' 제도를 통해 지역을 지정하고 푸는 방식으로 부동산시장을 관리해왔습니다. 이론상으로는 충분히 가능한 방식이지요. 그런데 부동산 시장이 안정적일 때는 모르겠으나 연쇄적으로 폭등하자 이론이 현실을 따라잡지 못했습니다.

투기과열지구와 투기지역을 구분하는 기준도 모호해졌지요. 한 달도 아니고 일주일이나 열흘 사이에 억 단위로 오르는 지역에는 두더지 잡듯 지역을 지정하기도 했습니다. 게다가 지정하는 권한도 국토교통부와 기획재정부가 모두 행사할 수 있습니다. 그러다 보니 중복을 피할 수 없었고 당연히 규제의 목적은 불명확해지고 시장은 혼란에 빠졌습니다. 일반 시민들은 자신이 살고 있는 아파트가 무슨 지역으로 지정되었는지도 헷갈릴 정도였지요.

특히 조정대상지역 지정제도는 '핀셋 규제'로 시작했지만, 오히려 지정된

법률안, 공약, 그리고 평택

더불어민주당 주거복지특별위원회 부동산 규제정책 개선을 위한 토론회

조정대상지역 지정제도 개선을 위한 토론회

> 정책의 온도

지역을 피해 투기수요가 몰리는 '풍선효과'를 일으켰습니다. 더구나 조정대상지역으로 지정되면 금융제한, 청약제한, 전매제한 그리고 세제 중과까지 더해졌습니다. '부동산 3종 지역규제' 중에서 가장 약한 규제로 시작한 제도인데 '만능상비약'처럼 처방전을 남발하면서 가장 핵심적인 규제 정책이 되고 말았습니다. 상대적으로 투기과열지구와 투기지역 제도는 한동안 지정되지도 해제되지도 않은 채 실효성을 상실했습니다.

행정구역상 동명은 달라도 생활권이 밀접해서 집값이 서로 연동되는 경우에도 지역 지정이 다르면 매매가격이 큰 차이를 보였지요. 누구는 '로또'를 줍다시피 하는데 누구는 세금을 더 내야한다면 불만이 터져 나올 수밖에 없습니다. 규제가 규제를 낳는 악순환을 반복했습니다.

그래서 저는 난마처럼 얽혀서 실효성도 없고, 도대체 이해하기도 힘들고, 신뢰도 상실해버린 제도를 단순하게 정리하고 정책 수요자인 국민이 알기 쉽게, 보다 시장친화적으로 개편하는 것이 중요하다고 보았습니다.

우선, 조정대상지역, 투기과열지구, 투기지역 지정제도를 하나로 통합하여 '부동산관리지역'으로 개편합니다.

다음으로 '부동산관리지역'을 2단계로 운영합니다.

'부동산관리지역 1단계'에서는 금융, 청약 등 최소한의 기본 규제만 적용하고 '부동산관리지역 2단계'에서는 1단계 규제를 포함하여 세제, 금융(규제 강화), 정비사업 등을 추가 적용합니다.

마지막으로, 규제지역 지정을 국토교통부 한 곳에서만 할 수 있도록 했습니다.

이렇게 정리하고 보니 꽤 간결해 보입니다만, 그 과정은 힘들었습니다. 모래밭에 쏟아진 쌀을 고르기가 힘든 것처럼 말이지요. '부동산 3종 지역규제' 제도의 취지와 실제 적용된 지역의 현황을 연계해서 이해하는 데 몇 달이 걸렸습니다. 이론과 실제의 간극이 커서 도무지 종잡을 수 없는 경우가 많았거든요. 문제점을 추려서 정리하는 데 또 몇 달이 걸렸습니다.

이해도를 높이고 문제점을 정리했으니 그 다음에는 개정 방향을 준비해야지요. 내로라하는 전문가들 리스트를 뽑아서 설문조사를 진행했습니다. 그리고는 개략적으로 준비된 안을 가지고 토론회를 두 차례 열었습니다. 국토교통부와 기획재정부 실무책임자와 만나 토론한 횟수는 세어보지 못했습니다. 변창흠 전 국토교통부 장관도 만나서 의견서를 받았습니다. 그렇게 다시 개정안을 수정해서 또 전문가들, 정부 부처, 장관에게 보여주고 피드백 받아 다시 반영하는 데 시간이 많이 걸렸습니다.

민주당 의원이 마치 반성문을 쓰는 듯한 마음으로 최선을 다해 만들어야 겠다는 사명감도 컸습니다. 우리가 과거의 잘못된 경험으로부터 출발해서 이제는 제대로 잘해가는 방향으로 발전하는 모습을 보여주려는 데 저도 조금 힘을 보태지 않았나 생각하는 것이지요.

금년 정기국회에서 이 법안들이 모두 통과되어 대한민국 부동산 규제 정책의 패러다임이 바뀔 수 있도록 끈기있게 노력하겠습니다.

정책의 온도

43.5%, 이게 뭐지?

　국회의원의 의정활동을 평가하는 기준은 여러 가지가 있습니다. 상임위원회와 본회의를 중심으로 각종 공식 회의에 참석한 출석률을 우선하는 경우도 있고 방송을 비롯한 언론 노출 빈도를 꼽는 분도 있습니다. 대개는 입법부 본연의 책무, 즉 법안과 관련한 평가를 기준으로 삼지요. 민주당의 경우 소속 국회의원의 정량적 평가에서도 이를 기준으로 삼습니다. 법안을 몇 개나 발의했는지를 보는 것이지요.

　법안을 발의하는 데는 대표발의와 공동발의라는 게 있습니다. 대표발의는 해당 의원이 법안을 작성해서 내용을 알리고 여기에 10명 이상의 동료의원들이 동의해서 제출요건을 갖추는 것입니다. 공동발의는 자신이 직접 법안을 만든 것은 아니지만 동료 의원이 준비한 법안에 여러 방식으로 협력하거나 동의해서 이름을 올린 경우입니다.

　법안 관련 평가에서 또 중요한 포인트는 대표발의한 법안 중에서 본회의를 통과한, 즉 구속력 있는 법률로 확정된 경우가 몇 개나 되는지를 보는 것입니다. 법안통과율입니다. 법안을 많이 발의해서 제출하는 것도 좋지만 공들인 법안이 효력을 발휘해야 가치가 있으니까요.

저는 지난 3년 동안 39건의 법안을 대표발의했고 그 중 17건이 본회의를 통과해서 법안통과율이 43.5%가량 됩니다.

좋은 법을 만들어서 정책통으로 인정을 받는 것도 좋지만, 지역구가 있는 국회의원은 역시 지역구 시민에게 직접 이익이 되는 일을 할 때 신이 납니다. 정치 입문하면서 '평택시민과 국민만 바라보고 일하겠다'고 약속한 때문도 있지만, 공약이행과 정책 결과가 눈에 다 보이기 때문입니다.

정책의 온도

평택시민들의 여망, GTX-A·C

저의 여의도 사무실과 지역 사무실에 '지역사업 추진 현황판'이 있습니다. 지역의 중요한 현안 추진 상황에 우선순위를 매겨 실시간으로 정리하는 현황판입니다. 1순위에 파란 매직으로 적어 놓은 것이 'GTX-A·C 평택연장'입니다. 지난 대선에서 여야 후보 모두 GTX-A·C 노선을 평택 지제역까지 연장하는 안이 대선공약으로 채택되는 데 크게 기여했다고 자부합니다. GTX 노선 연장은 평택시민들의 여망이 매우 큰 현안입니다. 이런 일은 시민들의 응원과 지지가 큰 힘이 됩니다.

국토교통부의 광역철도 지정기준이 개정되면서 평택이 대도시권 광역교통망 대상에 포함될 수 있었던 것도, 제가 전반기에 이어 후반기에도 국토교통위원으로 남을 수 있었던 것도, 평택시민들의 여망과 지지와 응원이 있어서 가능했습니다. 국토교통부 장관들에게 GTX-A·C. 노선 연장 입장을 수시로 재확인 할 수 있는 힘(?)도 그래서 가능한 것이지요.

제가 국회의원으로 활동을 시작하였을 때 평택시에서는 GTX-C 노선 연장에 역점을 두고 있었습니다. GTX-A까지 연장하는 것은 무리라고 판단한 듯합니다. 어찌 보면 당연합니다. 평택지제역에 GTX-A·C 모두 운행토록 하는 것은 과도한 욕심일 수 있었습니다. 또 수익자 부담으로 2개 노선 연장에 소요되는 비용도 걱정되었을 수 있습니다.

그렇지만 저는 생각이 달랐습니다. 마침 국가철도공단과 SR이 차량경정비기지 건설이 필요하다는 점에 착안했습니다. SR은 부산과 광주에 있는 코레일의 차량기지에서 차량 정비를 하고 있는데, 신규로 도입이 예정된 차량들을 정비할 기지가 필요했던 것입니다.

지역사업 추진 현황판

GTX-A·C 노선 평택 연장을 위한 김동연 지사 면담

당시 GTX-A의 운용사는 서울교통공사와 SR의 합작사가 하도록 계획되어 있었습니다. 그래서, 주민들이 다소 선호하지 않는 소위 '혐오시설'인 SR 차량기지를 유치하자, 그렇게 되면 GTX-A 노선 연장이 자연스럽게 가능해지고, 노선 연장에 드는 2,700억 원(평택시 추산) 중 상당 부분을 국비로 부담토록 할 수 있을 것이라는 판단이었습니다. 서울 수서역 인근에 있는 SR 본사의 평택 유치에도 도움이 될 것으로 생각했습니다. 평택시 측에는 당분간 'GTX-C는 잊어라, GTX-A에 집중하자'고 설득하여 공감대를 형성했습니다. 이에 따라, 국토교통위원회 전체회의, 국정감사, 장관 청문회 등 계기 때마다 이 문제를 집중 제기하였고, 국토교통부 장관으로부터 긍정적인 답변을 끌어낼 수 있었습니다. GTX-C 노선은 천안까지 연장하는 방안도 거론되고 있기 때문에 평택시가 적극 나서지 않아도 국가사업으로 추진될 가능성이 높았고, 수익과 부담에 따른 비용문제도 고려하였습니다. 그 결과 지난 대선에서 두 후보의 GTX-A·C 평택 연장 공약을 끌어낼 수 있게 된 것이라 믿습니다.

계속해서 인구가 크게 늘고 있는 평택의 가장 큰 현안인 GTX-A·C 노선의 연장을 위해 끝까지 긴장의 끈을 놓지 않을 것입니다.

법률안, 공약, 그리고 평택

평택지원특별법과 고덕국제화계획지구

　제가 대표발의한 법률안 중에 가장 긴 이름을 가진 녀석(?)이 있습니다. 간단하게 '평택지원특별법'이라 부릅니다. 정식 명칭은 '주한미군기지 이전에 따른 평택시 등의 지원 등에 관한 특별법 일부개정법률안'입니다.

　제 지역구인 평택갑 지역은 예전의 송탄시와 많이 겹칩니다. 송탄은 6.25 전쟁 때부터 미군이 주둔했던 곳입니다. 지금도 미군의 제7공군이 위치한 오산 공군기지(오산이 아니라 평택에 기지 전체가 있습니다)가 있습니다. 부대 앞 쇼핑 거리는 관광명소로 알려져 관광객들도 많이 찾는 곳이지요. 옆 지역구인 평택을 지역에는 주한미군사령부와 한미연합군사령부가 위치한 캠프 험프리스가 있습니다.

　캠프 험프리스는 용산 미군기지와 의정부, 파주, 동두천 등 한강 이북에 배치되어 있던 주한미군기지를 통폐합해 더 나은 주둔 환경을 만들기 위해 참여정부 때인 2003년부터 추진됐습니다. 주한미군이 평택으로 이전하면서 수만 명에 달하는 주한미군과 그 가족들이 빠르게 평택시로 유입됐고, 이로 인해 경제·사회·문화 등 다양한 분야에서 많은 변화가 발생했습니다. 특히 이전 대상지의 토지가 국가에 의해 수용되면서 시민들은 재산권 행사에

정책의 온도

제약을 받았고, 군사시설이 들어서면서 생기는 지역개발의 제약과 각종 환경문제도 발생했습니다. 주한미군기지 이전 등 외교와 국방에 관련한 사안은 기본적으로 정부의 권한이라 어쩔 수 없다 하더라도, 미군 주둔으로 인해 큰 희생을 감수하게 될 평택시와 시민들에게 피해보상과 실현되지 못한 이익을 최대한 보전하고자 하는 차원에서 평택지역의 각종 규제를 완화하고 지역개발계획을 세울 수 있도록 할 필요가 있었습니다. 그래서 2004년 정부와 국회가 만든 것이 '평택지원특별법'이라는 법률입니다.

평택지원특별법으로 인해 지금 평택은 대한민국에서 가장 뜨거운 발전의 현장이 됐습니다. 군사도시라는 멍에를 걸머지게 돼 도시개발에 제약을 받게 된 평택은 그에 상응하는 반대급부인 평택지원특별법을 통해 발전의 기회를 잡을 수 있게 된 것이지요. 고덕국제신도시로 불리는 국제화계획지구와 세계 최고 수준의 삼성반도체 평택캠퍼스 등은 주한미군기지 이전과 평택지원특별법이 시작이라고 할 수 있습니다. 특별법으로 인해 수도권이라서 제한되고 있던 각종 규제에서 평택은 예외로 인정되어 대규모 첨단산업단지 건설, 국제신도시, 대학 캠퍼스 유치가 가능해졌고 각종 핵심 사업들이 힘을 받아서 지금의 발전된 모습을 이루어 나가게 된 것입니다.

하지만 평택지원특별법에도 한계는 있었습니다. 고덕국제신도시는 '국제신도시'라는 이름에 걸맞도록 국제학교를 유치하는 것이 의미 있는 계획이라 할 수 있습니다. 평택 주둔 미군 가족 및 삼성전자 종사자 등 지역민들에게 좋은 교육환경을 제공한다는 차원에서 중요합니다.

고덕국제신도시 최초 계획안에 국제학교 입지가 포함되어 있는 이유입니다. 그런데 고덕국제화계획지구 안에 국제학교를 지으려면 큰돈이 필요합니다. 없던 돈을 마련하기가 힘들다면 건설비용을 줄일 방법을 찾아야 했습니다. 원래 법에는 지원대책의 일환으로 국제화계획지구의 지정 및 개발계획의 수립 등 개발 촉진을 위한 여러 특례가 규정되어 있었지만, 토지공급을 지원하는 내용은 없었습니다. 따라서 평택시는 현재 조성 중인 고덕국제신도시 내에 계획된 국제학교 설립에 어려움을 겪고 있었습니다. 그래서 저는 국제학교가 들어설 부지는 조성원가 이하로 공급할 수 있도록 개정법률안에 그 내용을 포함시켰습니다. 최근 우선협상대상자로 미국, 스위스의 명문 학교가 선정되면서 국제학교 유치 가능성이 높아지고 있습니다.

평택 브레인시티 산업단지 내 카이스트(KAIST, 한국과학기술원) 평택 캠퍼스 유치도 큰 사건입니다.

카이스트는 세계 초일류의 연구중심 교육기관의 비전을 가진 학교로 대전에

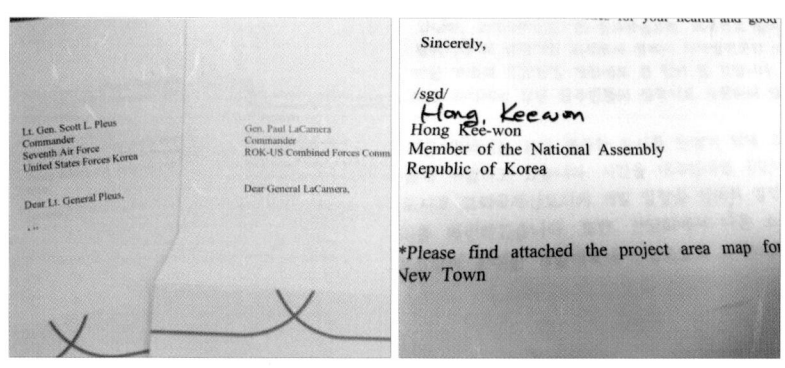

폴 라카메라 주한미군사령관, 플레어스 미7공군사령관
알파탄약고 조기 이전 요청 서한

| 정책의 온도

2020년 7월 7일 주한미군이전 평택지원법 발전방안 모색을 위한 토론회

본원이 있습니다. 그리고 평택지원특별법에는 대학 캠퍼스의 유치가 가능하게 되어있습니다. 이에 정장선 시장이 대전 카이스트를 방문하고 카이스트 측도 브레인시티 현장을 방문하는 등 긴밀한 협의 끝에 유치를 추진하게 됐습니다. 또한, 미·중간 대립과 반도체 수급난으로 반도체산업에 대한 특별조치 필요성이 대두됐고, 제가 더불어민주당 반도체기술특별위원회 위원으로 활동하면서 반도체 전문인력 양성을 위한 학과 증설을 적극적으로 추진하고 있었습니다. 이러한 과정을 거쳐 브레인시티 내에 KAIST, 삼성전자가 참여하는 반도체 산학공동연구센터 유치 합의를 끌어내게 된 것입니다. 명칭은 처음에 '반도체 산학 연구센터'라는 이름으로 발표되었습니다. 카이스트 소재 지역과 반도체 공장 지역 정치권의 반대를 의식해서입니다. 이후 최종적으로 '카이스트 평택캠퍼스'로 확정했습니다.

카이스트 측은 평택캠퍼스를 학교 도약의 계기로 삼고 향후 학과 증설 등 평택캠퍼스를 확대, 발전시키겠다는 비전을 분명히 하고 있습니다. 삼성전자의 기술력과 카이스트의 연구 역량이 큰 시너지를 낼 것으로 기대하고 있습니다.

지역구 현안사업을 추진하면서 주한미군기지 이전과 평택지원특별법이 만들어진 취지를 잘 살려볼 필요가 있었습니다. 구체적인 성과를 낼 수 있도록 필요한 사항을 정리했습니다. 3가지 목표를 갖고 추진했습니다.

첫째는, 평택박물관 건립입니다.

주한미군의 심장인 사령부가 평택시로 오면서 평택의 고유성을 기리고 보전하는 일이 중요해졌습니다. 그래서 평택박물관의 필요성에 대한 명분으로 평택지원특별법의 취지를 강조했습니다. 명시적으로 들어간 내용은 아닙니다만, 문화체육관광부를 설득하는데 아주 많이 도움이 되었지요.

평택박물관 건립은 이전부터 평택시가 추진해오던 숙원 사업 중의 하나였습니다. 인구 58만의 평택시에 박물관이 없다는 것은 많이 아쉬운 일입니다. 문화체육관광부에 박물관 건립 신청을 했다가 한 번 거부된 적이 있어서 준비를 단단히 했지요. 평택시와 시민들이 유물 수집 등 여러 면에서 준비를 철저히 했고, 저는 박물관 건립의 필요성을 주제로 국회에서 토론회를 개최해 분위기를 만들었습니다.

그렇게 어느 정도 준비가 된 상태에서 당시 황희 문화체육관광부 장관에게 평택박물관 유치 건의서를 전달하면서 필요성을 간곡히 요청했지요. 현재는 문체부 평가를 최종 통과해 2025년 건립을 앞두고 있습니다. 평택박물관은

정책의 온도

고덕국제신도시 함박산 근린공원에 지하 1층 지상 3층 규모로 지어질 예정입니다.

평택박물관 건립을 위한 황희 문화체육관광부 장관 면담

2021년 7월 7일 평택박물관 건립 토론회 개최

둘째는, 평택시청 송탄출장소에 여권 업무 창구를 신설하는 것입니다.

그동안 평택시의 여권 발급 업무가 평택시 본청과 안중출장소 두 곳에서만 운영되었지요. 이로 인해 시청의 여권 발급 업무는 과부하가 걸렸고 북부지역 시민들은 본청까지 먼 거리를 다녀야하는 불편이 컸습니다. 여권을 만들려면 신청과 수령, 즉 두 번을 가야합니다. 송탄출장소에서 여권 업무를 처리하면 얼마나 편리하겠습니까? 외교부의 승인이 필요한 사항이었지요.

아시겠지만, 저에게 외교부는 친정집 같은 곳입니다. '평택지원특별법'의 취지를 강조하고 부수적으로 파생될 업무를 설명했지요. 카이스트 평택 캠퍼스가 본격 가동되고 아주대학교 평택병원이 개원하면 평택시 북부지역의 여권 업무도 폭발적으로 늘어날 거라는 점도 강조했습니다.

저는 지난해 9월에 이도훈 외교부 제2차관과의 면담에서 송탄출장소의 여권 창구 신설을 요청했습니다. 한 부서에서 근무한 적은 없어도 외교부에서 한솥밥을 먹던 인연이 있었지요. 꼭 그래서만은 아니겠지만 일은 일사천리로 추진되었습니다. 제2차관과 면담한 지 한 달이 채 되지 않아 외교부에서 승인이 났고 두 달가량의 준비 기간을 거쳐 12월에는 송탄출장소에서 여권 민원을 시작할 수 있었습니다.

효과는 상당했습니다. 여권발급 창구가 신설되자 일주일간 하루 평균 90여 건이 접수된 것입니다. 북부지역에 있는 기업과 시민들의 신청이 밀려든 것이지요. 코로나19로 몇 년간 해외 여행에 제한을 받다가 여행 수요가 많이 늘어나는 시기여서 효과가 더욱 컸던 것 같습니다. 비용은 별로 들지 않고

정책의 온도

시민의 편익은 매우 큰, 말 그대로 가성비 높은 사업이라서 큰 보람을 느끼고 있습니다.

송탄출장소 여권업무 창구 신설 위한 외교부 제2차관 면담

2022년 12월 13일 송탄출장소 여권업무 창구 신설

셋째는, 평택호 관광단지 조성입니다.

평택지원특별법에는 '평택시민의 다양한 요구를 반영해서 종합적이고 체계적인 지역발전을 위한다'는 취지가 담겨 있습니다. 그렇다면, 평택시민의 40년 숙원 사업인 '평택호 관광단지'를 못 만들 이유가 없지 않겠습니까?

게다가 제가 국토교통위원이라 이 사업을 제대로 추진할 수 있는 책무도 권한도 가진 셈이어서 팔을 걷어붙였습니다. 평택시와 함께 국토교통부를 설득하는 데 노력해서 중앙토지수용위원회의 승인 결정을 받아낼 수 있었지요. 40년 숙원 사업이 본궤도에 오르는 발판을 마련한 셈입니다.

내친김에, 관광단지에 들어갈 센터 건립 예산 확보를 위해 세종시까지 내려가서 기획재정부 예산실장을 만나 간곡하게 요청을 하기도 했습니다. 관광단지 사업이 꼭 성공하여 평택시민은 물론 인근 주민들의 훌륭한 여가시설이 되기를 기대합니다.

이외에도 스스로 뿌듯해하는(?) 지역 사업이 많습니다만, 대표적으로 세 가지를 소개합니다.

먼저, 송탄역 북측에 출입구를 만드는 일입니다. 송탄역은 본래 지금 위치보다 약 200m 북쪽에 있었습니다. 약 30년 전에 새로 건설하면서 지금의 위치로 온 것이지요. 지금의 송탄역은 역사 남쪽에만 출입구가 설치되어 북쪽에 거주하는 시민들이 이용하기가 아주 불편합니다.

주민들로부터 북측 출입구 신설 요청을 듣고 즉시 현장을 방문해서 살펴보니, 꼭 필요하겠구나 생각이 들었습니다. 또 코레일로부터 송탄역의

정책의 온도

이용자 통계를 받아보니 연간 약 3백 5십만, 하루 약 1만 명이 이용하고 있었습니다. 충분히 가성비가 나오는 사업이라는 판단이 섰습니다.

2021년 국정감사에서 본격적으로 문제점을 지적하고 개선을 요구했습니다. 올 7월에 완료된 국토교통부의 철도역사 기능성 제고 방안 용역에서 송탄역이 기능성 제고가 필요한 역사로 선정되었습니다. 앞으로 소요 예산 등 구체적인 사업 내용을 산출하는 기본계획 용역을 거쳐 상·하행선 북측 출입구가 신설될 예정입니다.

시민들의 편의를 위해 애써 주신 평택시청 담당 공무원 여러분과 시장님께 감사드립니다.

다음으로, 원도심과 신도심의 균형발전을 목적으로 추진하고 있는 사업입니다.

우리나라 웬만한 도시 모두 안고 있는 문제가 원도심과 신도심의 주거환경 격차입니다. 시간과 노력을 들여 원도심을 재건축하기보다 도심 외곽에 택지를 조성하고 신도시를 건설하는 게 훨씬 쉽고 빠르기 때문입니다. 녹지를 확보하기도 쉽고 주거지역과 상업지역도 반듯반듯하게 지을 수 있지요.

문제는, 그러면 원도심의 낙후와 공동화는 불가피하다는 것입니다. 많은 시민이 낡고 오래된 주거지역을 벗어나 아파트 단지 중심으로 건설된 신도심으로 이주하는 것이지요. 거주하는 사람이 줄면 상가도 문을 닫는 곳이 늘어날 수밖에 없습니다. 시간이 갈수록 원도심과 신도심 간의 사회경제적 격차가 커집니다.

평택시도 그런 일에 내몰릴 위험이 있습니다. 중심부인 고덕국제신도시가 본격 개발되고 있지만, 원도심과 연계된 교통망이 많이 부족한 게 현실입니다. 원도심과 신도심이 분리되지 않으려면 먼저 원활한 교통망을 갖추는 것이 중요하지요. 쉽게 이동할 수 있으면 원도심과 신도심은 서로를 보완하는 역할을 자연스럽게 분담하기 때문입니다.

그래서 제가 추진하는 일 중 하나가 송탄출장소와 고덕국제신도시 사이에 지하연결도로를 만드는 것입니다. 2021년 관련 토론회를 개최해서 이 사안의 중요성을 널리 알리기 위해 노력했습니다. 고덕신도시 개발사업을 주관하는 LH도 저의 제안에 공감했지요. 올해 6월에 특별계획을 수립하고, 8월부터 교통영향평가 변경심의 등을 수립하기로 했습니다. 앞으로 국토교통부의 인허가 승인, 예비타당성조사 등의 일정이 남았습니다. 실제 착공식이 열릴 때까지 주의 깊게 살피려고 합니다.

마지막으로 경부고속도로 남사진위IC 서울 방향 진입로 신설입니다.

당초 경부고속도로 남사IC는 LH가 동탄신도시를 개발하면서 개발 수익으로 만든 것으로 동탄주민들을 위해 부산 방향 진출입로만 광역교통체계에 반영한 사업이었습니다(동탄주민은 서울 방향으로 가기 위해 굳이 동탄보다 남쪽에 있는 남사IC를 이용할 필요가 없지요). 하지만 우리 평택시 진위면과 함께 위치한 용인시 남사면에 생기는 IC의 명칭을 '남사IC'가 아닌 '남사진위IC'로 한국도로공사 시설물명칭심의위원회에서 변경하도록 설득해서, '남사진위IC'가 탄생하였습니다. 다만 부산 방향 IC만 개통하였고, 평택시 진위면, 송북동 등 평택 북부지역 주민들을 위해서는 서울 방향 IC가 절실했습니다. 서울

> 정책의 온도

　방향으로 가기 위해서는 오산IC까지 가야하는데 갈수록 교통이 복잡해지고 있어 그 필요성이 더욱 커지고 있습니다.
　아직도 진행 중이긴 하나 용인시, 평택시, 경기도, 한국도로공사, 국토교통부 등 관계기관과 지속 협의 중에 있고 반드시 남사진위IC에 서울방향 진입로를 만들어 낼 것입니다.

법률안, 공약, 그리고 평택

정책과 정치의 관계

저만의 원칙이라 하기는 어렵습니다만, 저는 정책을 구상할 때 합리성과, 비용-편익의 상관성, 즉 비용이 투입된다는 점을 우선 고려하는 편입니다. 물론, 이 두 가지가 절대적인 기준은 아닙니다. 항상 공익성을 염두에 두어야 하기 때문에 들인 비용에 비해 편익이 아주 낮거나 저자라 하더라도 해야만 하는 일이 있기 마련입니다. 예를 들어, 공공의료원을 새로 짓거나 지원을 늘려 의료진을 확충하는 일은 단순히 돈으로 환산할 수 없는 혜택이 더 크지요.

제가 합리성과 비용 대비 편익을 우선하는 것은 정치적 이익과 판단에 휘둘리는 경우를 많이 보아왔기 때문입니다. 지방에 널려 있다시피 한 공항이 대표적이지요. 또 도로와 교량 건설에도 그런 경우가 많습니다. 국가예산을 '눈먼 돈'으로 여기는 고약한 정책행태라고 할 수 있습니다. 그래서 일단 저부터 이런 식의 정책이나 입법은 하지 않으려고 작정하다 보니 두 가지 기준을 가지게 되었습니다.

또 하나 염두에 두는 것은 아무리 좋은 정책이라도 모두가 만족하지 않을 수 있다는 점입니다. 어떤 정책이든 긍정적인 면과 부정적인 면이 동시에 있기 때문입니다. 만일 긍정적인 면만 있다면 이미 시행되었을 가능성이 높습니다.

정책의 온도

다시 말해, 어떤 정책이 시행되면 이익을 보는 사람이 있고 그로 인해 손해를 보는 사람이 있다는 것이지요.

저는 손해를 보는 쪽을 먼저 고려하는 편입니다. 그분들의 원망이 어느 정도일지를 생각합니다. 최대한 설득하고 손해를 줄이는 방향은 더 없는지 고민합니다. 원칙과 취지가 뒤집히는 경우가 아니라면 융통성을 가지려고 노력하지요. 그래서 아무리 좋은 정책이라도 몸과 시선을 낮추려고 합니다.

저의 이런 태도에 대해서 그나마 주변에서 너그럽게 보아주기도 했습니다.

여성소비자신문 '2020 선한영향력 리더'

* 국회의원 첫 해에는 여성소비자신문의 '2020선한영향력 리더'로 선정되었습니다.

막 등원한 초선의원한테는 이른바 '신인상'같은 의미여서 자신감을 다지는 계기가 되었지요. '앞으로 밥값은 할 수 있겠구나'라고 생각했습니다.

법률안, 공약, 그리고 평택

2022년 더불어민주당 선정 국정감사 우수의원상 수상

* '더불어민주당 2022년 국정감사 우수의원'으로 선정되어 상을 받았습니다 (2022년 12월).

매년 국정감사에서 우수한 제도와 정책을 제시한 국회의원을 선발하는 상이어서 저로서는 큰 의미가 있었습니다.

2021년 국정감사 NGO모니터단 선정 국리민복상 수상

세상의 온도 | 173

정책의 온도

* 국정감사NGO모니터단이 선정한 우수의원상인 '2021년도 국정감사 국리민복상'을 받았습니다(2022년 1월).

국정감사 모범의원에게 수여하는 상으로 사회 각 분야 270개 시민사회단체가 1,000여명의 모니터요원과 전문가를 동원해 국정감사 전체를 분석·평가해서 수상자를 결정합니다. 국회 국정감사에서 정부정책의 적절성을 감시하고, 그에 따른 합리적 대안을 제시하는 우수 국회의원을 선정하는 것이지요.

국회의장 선정 제2회 대한민국 국회 의정대상 수상

* '제2회 대한민국 국회 의정대상' 입법 활동 부문 의정 대상을 받았습니다(2022년 5월). 제74주년 국회 개원 기념식에서 받은 이 상은 의정활동을 평가하는 가장 권위 있는 상이라고 할 수 있습니다. 수상의 공정성과 투명성을 위해 국회의장 및 부의장과 교섭단체 추천을 통해 구성한 총 21명의 외부전문가가 각 의원실에서 제출한 법률안과 국회의원 연구단체가

제출한 정책연구 보고서까지 평가해 선정하기 때문입니다. 비로소 '정책통'이라는 평가를 받는 듯했습니다.

* '법률소비자연맹'이 선정하는 '제21대 국회 2차년도 헌정대상'을 받았습니다(2022년 7월).

이 상은 사법·입법감시 법률전문 NGO인 법률소비자연맹이 300명 국회의원을 객관적 기준으로 평가하는 절차를 거칩니다. 주요 평가항목은 ▶본회의 출석 및 재석 ▶상임위원회 출석 ▶법안 표결 참여 ▶법안통과율 ▶발의법안 통과성적(대표/공동) ▶국정감사 현장출석 ▶국정감사 우수의원 등 12개 항목입니다. 그래서 상위 25%(75명) 의원들을 선정해서 수상하는 것이지요.

MBN·한국여성유권자연맹 선정 '참 괜찮은 의원상' 수상

* 매일방송(MBN)과 한국여성유권자연맹이 공동 수여하는 '참 괜찮은

정책의 온도

의원상'을 수상했습니다.

헌법재판관을 역임한 분을 위원장으로 해 구성된 심사위원들이 상에 응모한 100여 명의 국회의원 중에서 6명을 선정한 것입니다. 이름 그대로 '참 괜찮은 의원'이 되도록 노력하겠습니다.

다수 국민에게 큰 영향을 미치는 정책을 도입할 때는 신중하고 주도면밀해야 한다고 생각합니다. 혹시라도, 정책 시행의 의도가 특정 지역이나 계층의 시민들에게 징벌적이거나 보복적이어서는 안 된다는 것이지요. 또 정책의 취지나 목적을 상세하게 설명해서 정책 시행의 결과로 상대적 불이익을 받을 시민들도 납득할 수 있어야 한다고 봅니다.

예를 들어, 어쩌다 자기가 살고 있는 아파트 값이 너무 올라버린 분들은 사실, 죄가 없습니다. 소수의 투기꾼들 때문에 누진되는 소득세와 종부세를 울며 겨자 먹기로 내야 하는 경우가 많았습니다. 지난 정부의 부동산 정책은 이런 분들의 억울함을 소홀하게 취급했지요. 심지어는 부동산 정책의 개혁 대상으로 몰아붙이기도 했습니다. 저의 지역구에서 열린 부동산 관련 간담회에서 주민들의 항변은 이런 억울함을 그대로 보여줍니다.

"임대사업을 적극 권유한 게 민주당 정부 아니냐. 당신네 말을 믿고 임대사업자 됐다가 피눈물 나는데 임대사업자를 부동산 가격 상승의 주범인양 토끼몰이 하듯이 다룬다."

"집은 호떡이 아니다. 우리는 전 재산을 바쳐서 아파트를 장만했고, 이를 임대로 운용했을 뿐인데 민주당은 너무 쉽게 호떡 뒤집듯 제도를 뒤집는다."

정책 변경을 '호떡 뒤집기'에 비유하는 주민들의 눈에는 원망이 가득했습니다.

호떡처럼 정책이 뒤집힐 때마다 평생 모은 전재산이 널뛰듯 하니 그럴 만도 했지요. 조금 더 나은 주거환경에서 살고 싶은 것은 진보와 보수의 문제가 아니라 모든 이들의 소망인데 그걸 죄악시하듯 했으니 말입니다.

저는 국회 국토교통위원회와 민주당 부동산특별위원회의 위원으로 활동하면서 부동산시장 안정이 얼마나 중요한지 절감한 적이 한두 번이 아니었습니다. 특히 집값 상승의 주범으로 내몰린 등록임대사업제도에 대해 정확한 진단과 개선 방안을 꾸준히 제기한 것도 그래서였습니다.

2020년 7월에는 등록임대사업자의 보증보험 가입이 의무화되었지요. 그런데 가입조건이 현실과 맞지 않아 보험에 가입하려 해도 할 수가 없어서 처벌 위험에 놓이게 된 사업자들의 구제 방안 마련에 앞장섰습니다. 약 1년에 걸쳐서 국토교통부, 주택도시보증공사(HUG), 임대사업자 간 조율을 통해 가입요건을 보완하여 해결방안을 이끌어낸 바 있습니다.

당시 민주당은 등록임대사업자 제도를 부동산가격 급등의 주원인으로 판단해 제도 자체를 전면 폐지하겠다고 발표하여 등록임대사업자들이 난리가 난 일이 있었습니다. 저는 당내에서 이에 대한 문제점을 강하게 제기하고 관련 자료도 만들어 동료의원들에게 배포하는 등의 노력을 기울였고, 그 결과 전면 폐지 방침이 사실상 철회되기도 했습니다.

"민주당은 싫어해도 홍기원 의원은 믿는다."라는 응원은 이런 저의 노력에 대한 평가의 일부라고 생각합니다. 등록임대주택제도는 공공주택 공급의 한계를 보완하여 다양한 임대주택을 공급하는 긍정적 효과가 있습니다. 제도가 올바르게 정착할 수 있도록 보완하는 것이 정치인의 역할일 것입니다.

5장

인생의 온도 1

공직생활

인생의 온도 1

제가 매사에 조금 늦습니다

저는 뛰어난 선배 동료들이나 영민한 후배들에 비해 매사에 좀 늦는 편이라 할 수 있습니다. 고시 공부도 그랬습니다. 군대를 다녀와서 한 학기를 보내고 4학년에 들어서야 교재를 펼쳤습니다. 24살이었습니다. 27살이던 1991년 11월에 제35회 행정고시에 합격했으니 3년 반쯤 걸렸지요. 공부하는 재주가 그리 뛰어나다고 생각해본 적은 없었습니다.

행정고시는 직열 구분이 있는데 저는 당시에 재경직 시험을 치렀습니다. 전공이 경제학이어서인지는 모르겠지만 우리 경제발전에 큰 역할을 했던 경제기획원을 평생 일터로 삼아 경제전문가로서 우리나라 경제발전에 이바지하겠다는 목표를 세웠습니다.

재경직은 당시의 경제부처였던 경제기획원, 재무부, 상공부, 건설부 등에 근무하는 자격이 주어집니다. 일반직이나 사회직 고시와는 필수과목이 좀 다릅니다. 재경직은 화폐금융, 국제경제, 통계학, 재정학 등 경제관련 공부를 더 깊이 해야 합니다. 주로 경제학이나 경영학 전공자들이 지원해서 다른 직열보다 시험이 더 어렵고 합격하기까지 시간이 더 걸린다는 평이었습니다.

매사에 무던해 보이는 저라고 해서 늘 마음 편하게 공부할 형편은 아니었습니다. 2년 반 넘게 실업자로 지내는 처지여서 남모르게 속을 많이 끓였습니다. 그래서 처음 2차 시험에 떨어졌을 때는 고민이 깊었습니다. 당시에는 취업제한 연령이 있어서 한 번 더 실패하면 대기업에 취직할 수 있는 길이 닫혀서 더욱 그랬습니다. 부모님이 대학까지 보내줬는데 제 밥벌이는 남들 보기에 부끄럽지 않도록 해야겠다는 의무감이 떠나질 않았습니다.

사법고시를 잠깐 생각한 적도 있었습니다. 그런데 판검사는 인사발령에 따라 자주 지방 근무지를 옮겨 다니는 게 걸렸습니다. 또 판검사는 직업상 제가 맡은 사람을 죄인인지 아닌지, 얼마나 중한 범죄인지 아닌지를 판단해야 합니다. 물론 법과 규정에 따르는 일이긴 하지만 저는 그렇게 사람을 판단하고 형량을 정하는 게 왠지 꺼려졌습니다. 타인의 죄 값을 제가 매긴다는 게 생각만으로도 엄청난 부담으로 느껴졌습니다.

어쨌든, 제가 내린 결론은 외길 수순이었습니다. 기왕에 시작했으니 끝장을 보자는 것뿐이었습니다. 다른 선택지는 크게 고민하지 않았습니다. 음, 그러고 보니 저는 삶의 중요한 고비마다 다른 선택의 여지를 두지 않았던 거 같습니다. 고시공부도, 외교관도, 정치도 일단 결정하면 한눈팔지 않고 결과가 나올 때까지 밀고 나가는 거지요.

사람의 일이란 참 알 수 없다는 거, 정말 맞는 얘기입니다. 1991년 여름, 고시반이 있던 고려대학교 정경대 1층 휴게실에서 한가롭게 바둑을 두고 있었습니다. 그때 저는 1차 시험에는 붙었는데 2차 시험은 손을 놓고 있었습니다. 1차 커트라인이 전년보다 크게 내려가서 2차에 붙어도 합산한 성적이 그리 좋지 않을 수밖에 없어서 목표로 삼았던 경제기획원에 가기는 힘들다고 보았기 때문입니다. 그래서 올해 2차는 아예 접고 내년에 도전하기로 마음을 먹고 있었습니다. 당시에는 1차에 붙으면 다음해에는 1차 시험이 면제되었거든요.

그런데 전년도에 합격했던 선배가 우연히, 정말 우연하게도 학교에 놀러왔다가 바둑을 두고 있는 저를 보고는 나무랐지요. 왜 2차 시험 준비는 안 하고 놀고 있냐는 것이었습니다.

선배가 야단칠 만 했던 게 그때가 2차 시험이 3주쯤 남아 있을 때였거든요. 저는 변명 삼아 제 계획을 간단하게 말씀드렸는데, 얘기를 다 듣기도 전에 선배는 더 크게 꾸중을 했습니다. 내년 시험에 합격한다는 보장이 어디 있느냐는 거였습니다. 설사 그렇더라도 본시험만큼 실전경험을 쌓기 좋은 것도 없으니 당장 준비를 하는 게 좋다는 충고였습니다.

곰곰이 생각해보니 선배의 지적이 하나도 틀린 게 없었습니다. 부랴부랴 바둑판을 접고 3주 남은 시험 준비를 했습니다. 그래도 이번 시험은 실전 경험을 쌓는 게 중요하지 합격하는 게 진짜 목표는 아니어서 결사적(?)인 자세는 아니었습니다. 사실 전년도 시험에서 원체 애를 먹어서 그랬기도 합니다. 체력이 달려서 시험 직전에는 자주 드러누워 책을 보기도 했고 시험장에서는 긴장을 해서 머리가 아프기도 했으니까요.

그런데 연습(?) 삼아 치른 이 시험에서 덜컥 붙어버렸습니다. 편안한 마음으로 시험을 봐서 합격한건지는 모르겠지만 그래도 중요한 일일수록 조급해지는 마음을 풀고 너무 안달복달하지 않아야 한다는, 선문답 같은 교훈을 얻었다고 생각합니다.

어쨌거나 저는 성적순으로 이루어지는 부처 배치에서 다행히 목표로 했던 경제기획원에 갈 수 있었습니다. 1차 성적에서 까먹은 점수를 군필 가산점 (5점)이 보충해 주었기 때문입니다. 저는 선배의 꾸중을 듣고 시험을 치렀지만 그때까지 군필 가산점이 있는 줄도 몰랐으니 실력보다는 운이 더 좋았던 게 아닐까 싶습니다.

한참 세월이 흐른 뒤에 돌아보니 고시는 제가 들인 노력보다 결과가 더 컸다는 생각이 듭니다. 시험 준비라고 저 나름의 특별한 방식이 있었던 건 아닙니다. 고시생들마다 공부하는 타입이 조금씩 다른데 저는 주어진 문제를 풀어내는 시험이라는 방식에 좀 더 적합하지 않았나 생각합니다.

그렇게 누구나 겪을 법한 내면의 갈등과 번민을 지도 고스란히 감내하면서 3년 6개월을 버티고서야 겨우 시험을 통과했습니다. 다른 고시생들에 비하면 조금 늦게 시작해서 조금 늦은 나이에 임용되었지요.

인생의 온도 1

다른 사람 벌 주는 일, 정말 못하겠더군요

　1992년 11월, 7개월간의 연수를 마치고 5개월 동안 실무수습을 위해 저는 당시 경제기획원의 공정거래위원회에 배치되었습니다. 수습이 끝난 후 공정거래위원회 조사국에 정식으로 배치되었는데 초짜 사무관이어서 군기(?)가 바짝 들어 있었습니다. 공정거래위원회 조사국은 말 그대로 기업들이 공정하게 장사를 하고 있는지를 조사하는 부서입니다. 주로 게임의 룰을 위반하기 쉬운 대기업, 한 마디로 재벌이라 불리는 회사들이 주 대상이었습니다. 삼성, 현대, SK, LG, 롯데, 효성 등 지금도 대기업집단으로 분류되는 기업과 대우, 한보 등 몰락한 대기업 그리고 이들 기업과 협력관계인 업체들까지 조사하러 전국을 누비고 다녔습니다.

　당시 대기업은 권위주의의 흔적이 역력하게 남아 있었습니다. 1992년은 노태우 정부의 말기여서 오랫동안 군부 정권 아래서 성장한 대기업의 문화가 한꺼번에 바뀔 수는 없었을 것입니다. 다음 해 '문민정부'라 이름 지은 김영삼 정부가 들어섰지만 실속보다 규모와 외형을 중요시했던 기업문화는 별반 달라지지 않았습니다. 문어발처럼 계열사를 최대한 늘렸고 순익보다 외형 확대가 더 중요했습니다. 보유 자산으로 대기업의 순위를 매겼으니 그럴 만도 했지요. 대마불사의 신화도 한몫했을 것입니다.

권한이 권한인지라 당시에도 조사국은 힘이 좀 셌습니다. 자주 대기업의 저승사자라고 불릴 정도였으니까요.

지금은 해체된 H그룹 조사를 마친 어느 주말 아침, 저 혼자 사는 과천 집에 누가 찾아왔습니다. H그룹 계열사의 어느 사장님이었는데 모교 선배이기도 했습니다. 그분은 조사 결과 처리에 선처를 부탁한다면서 두툼한 봉투와 양주 한 병, 또 다른 계열사인 모 제약회사의 구급 의약품 세트를 가져왔더군요. 현금은 전혀 문제없도록 처리한 것이라는 다짐과 함께 말입니다. 저는, 자라는 후배 죽일 일 있으시냐고 이해를 구하고서 돌려보냈습니다.

그로부터 불과 얼마 뒤에 주력 계열사인 칠깅회사 부도를 시작으로 H그룹은 해체되었고, 이를 시작으로 IMF 금융위기가 촉발되었습니다. H그룹 관련 비리로 김영삼 대통령의 아들을 비롯해 다수의 정치인들과 금융인들이 구속되었지요.

당시 재벌그룹들을 조사해 보니, 태평로 삼성비서실의 은밀함, 계동 현대건설의 투박함, 잠원동 롯데의 소박함 등 그룹별 특징을 여실히 느낄 수 있었습니다. 또 멀쩡해 보이는 재벌그룹도 속으로는 골병이 든 경우가 많음을 알게 되었습니다. 공정거래법을 위반한 기업도 많았고 꼭 법에 저촉되진 않더라도 만성적자에 허덕이는 회사가 압도적이었지요. 수십 개의 계열사 중에서 그나마 수익을 올리는 회사는 몇 개 안 되었고, 주력기업이라는 곳도 차입 경영으로 겨우 연명하는 실정이었습니다. 이런 취약성 때문에 외환위기가 닥치자 차입에 의존했던 재벌그룹은 결국 무너질 수밖에 없었습니다.

그런데 저는 조사국 업무가 참 맞지 않았습니다. 당시 경제기획원 공무원들은 야근과 주말 특근이 일상이었습니다. 월화수목금금금 정도가 아니라 새벽별 보기 운동이 보편적이었습니다. 그에 비해 공정거래위원회는 상대적으로 그나마 별이 뜨기 전에 출퇴근이 가능했던 부서였지요. 업무강도는 좀 셌어도 일이 힘들다고 느낄 정도는 아니었습니다.

조사국 업무가 힘들었던 것은 순전히 제 기질과 성격 탓이었습니다. 조사국은 어떻게든 대상 기업의 잘못한 일을 찾아내는 게 목적이었습니다. 들추고, 헤집고, 지적하고, 윽박지르고, 잘못의 경중을 따지고, 검찰에 고발하는 일이 업무의 대부분이었습니다. 이런 일들이 실적이 되고 능력평가에도 반영됩니다. 그러니 잘못을 찾아내는 게 즐거워야 하는데, 저는 그게 잘 안되었습니다.

이상하게도 저는 잘못을 적발하면 먼저 그 당사자한테 미안한 마음부터 들곤 했습니다. 이후로 그 사람이 겪어야 할 고충들이 연상되면서 그 가족들과 당사자의 장래까지 염려가 되었지요. 사실, 공정하지 않은 거래나 계약은 대부분 당사자 개인이 법을 어기면서까지 무슨 영달을 누리려고 하는 경우는 드물지요. 회사의 방침이 정해지면 담당자는 어쩔 수 없이 따라야만 하는 구조입니다. 당시만 해도 권위적인 기업문화 때문에 홀로 반기를 들거나 거부하기란 쉽지 않았습니다. 지금처럼 '공익제보'나 '내부고발' 같은 개념이 없었을 때였으니 그랬다가는 '내부총질'이나 '배신자'로 낙인찍히기 쉬웠고 오래 몸담았던 업계를 떠나야 했으니까요. 그렇다고 위법한 사안이 적발되었는데 그걸 모른 척하고 넘어갈 수도 없었습니다. 이래저래 공정거래위원회 근무는 저로서는 날이 갈수록 참 곤혹스러웠습니다.

무엇보다 저는 고시를 준비할 때부터 소박한 꿈이 있었습니다. 재경직을 지원했을 때부터 목표는 경제기획원에서 경제정책, 예산과 같은 업무를 담당하고 싶었지요. 더 공부하고 경험을 쌓아 우리 모두의 먹고사는 문제를 해결하는 데 작은 보탬이라도 되려는 것이었지요. 조사국에서 비리와 위법을 찾아내서 잘못된 관행을 고치고 새롭고 공정한 규범을 만드는 것도 중요했지만 저의 꿈을 생각하면 아무래도 한 발 비켜난 것이었습니다.

조사국 업무가 손에 익을 때쯤 저는 경제정책이나 예산 관련 부서에서 일하는 선배들을 만나면 제 생각을 털어놓고 조언을 구했습니다. 선배들은 대부분 긍정적이었습니다. 다만, 한 가지 조건을 달았습니다. 결혼하고 오라는 것이었지요. 당시 경제기획원의 정책과 예산 부서는 연애할 시간을 내기도 힘들어서 그랬습니다.

그런데 정말 신기하게도 선배들의 조언은 그대로 예언이 되었습니다. 저는 공정거래위원회 근무하는 동안 지금의 제 아내를 만나서 결혼했고 마침내 제가 바라마지 않았던 재정경제원(경제기획원과 재무부가 합쳐져 생긴 부처)으로 자리를 옮기게 되었습니다.

인생의 온도 1

공정거래위원회, 재정경제원, 그리고 외교부

　김영삼 대통령의 문민정부가 들어서면서 각종 개혁정책으로 관가가 들썩이고 있었지요. 그런데 그 시점에 기존의 재무부와 경제기획원을 통합하여 재정경제원(재경원)으로 개편하고 공정거래위원회는 독립기관으로 분리하는 대규모의 정부조직 개편이 추진되었습니다.
　경제정책 전문가를 목표로 했던 저로서는 발등의 불이 떨어진 셈이었습니다. 공정거래위원회가 독립하고 나면 평생 공정거래위원회에서 근무해야 해서 꿈이었던 경제정책, 예산 업무 등은 할 수가 없으니까요. 예전에 저의 고충을 들어주며 '결혼하고 와라'고 했던 선배들도 찾아가고 인사 관련해서 흘러나오는 정보들을 종합하면서 대책을 강구해야만 했습니다.
　그렇게 애쓴 덕분인지는 몰라도 공정거래위원회 근무를 희망하는 재경원 직원과 맞교환 형태로 부처 이동이 이루어졌습니다. 천만다행으로 저는 재경원으로 자리를 옮겼고 작은 소망 하나를 이루었다고 생각했습니다.
　새로 출범한 재정경제원의 주요 업무는 중장기 국가 경제정책의 수립과 총괄 조정, 조세와 외환 정책의 수립, 국가채무 정책의 수립과 관리, 예산 편성과 집행, 국고와 국유재산의 관리, 국제경제협력, 관세업무 등이었습니다.

예산, 국고, 세제, 금융 등 국가 재정 부문을 통합해서 운영하는 핵심부처이자 권한이 막강한 슈퍼파워 부처였습니다.

저는 재경원의 법무담당관실에 배속되었는데 주요 업무는 경제 장·차관회의 준비와 법안을 검토하는 일이었습니다. 재경원의 장차관이 일주일에 한 번씩 주재하는 회의에는 각 부처 간의 이해관계가 상충하는 의제가 많았습니다. 그런 안건들을 사전에 파악하고 정리해서 보고하는 게 중요했습니다. 그래야 각 부처의 수장들이 원만하게 의사결정을 조정할 수 있었으니까요. 장차관이 자료를 검토하다가 물어보면 어떤 사안이라도 정리된 대답을 할 수 있어야 해서 공부를 많이 할 수밖에 없었습니다. 입법과 의제 설정, 그리고 각 부처 간의 이견을 조정하는 경험을 충실히 익혔습니다. 매주 두 차례 경제장관과 차관들이 주요 경제 이슈들을 논의하는 회의에 참석하고 회의 내용을 녹음했다가 속기록 형태로 회의록을 작성했는데, 큰 공부가 되는 소중한 기회였습니다.

1년 반 정도 근무하고서 저는 국제경제과로 자리를 옮겨 통상업무를 담당했습니다. 이 과정에서 에피소드가 있었는데, 이 일이 저의 인생행로를 바꾸는데 그렇게 큰 일이 될 줄은 몰랐습니다.

부서 이동을 위해 인사대상자들은 각자 희망 부서를 제출합니다. 저는 1지망으로 예산실, 2지망은 경제정책국, 3지망으로 대외경제국을 적어냈습니다. 인사 발표가 나던 오전에 과장님이 저를 부르더니 경제정책국으로 가게 되었다고 알려주었습니다. 그래서 주섬주섬 사무실 짐을 챙기고 점심을 먹고 왔더니 과장님이 다시 저를 불러서는 난처한 표정으로 발령 부서가 대외경제국으로 바뀌었다고 하더군요. 황당한 일이었습니다.

　시간이 지나서 알게 된 사실은, 애초 대외경제국으로 발령났던 사람이 인사고과에 유리한 경제정책국으로 가기 위해 소위 '빽'을 썼다는 거였습니다. 제가 '유탄'을 맞은 셈이지요. 만약, 그때 제가 경제정책국으로 갔더라면 통상업무를 안 했을 테고 외교통상부로 가는 일도 없었을 겁니다. 지금과는 전혀 다른 인생을 살게 되었겠지요.

　이런저런 사연과 인연으로 저는 대외경제국의 국제경제과에 배속되었고 통상업무를 담당할 수 있었습니다. 그런데 저의 공무원 경력 중에서 이 시기가 여러 측면에서 일종의 변곡점이라고 할 수 있습니다.

　국가 간의 통상(通商), 즉 무역은 상호간 경제력은 물론이고 산업구조와 통상정책과도 밀접한 연관이 있습니다. 특히 수출의존도가 큰 우리나라는 다자간 무역협정의 결과물인 WTO 체제에서 변화하는 세계경제질서에 능동적으로 대처할 필요성이 높아졌습니다.

　우리나라는 1995년 1월 1일 WTO 출범과 함께 회원국으로 가입했는데 제가 통상업무를 담당하기 불과 2년 전이었습니다. 당연히 WTO 체제 하에서 통상 경험을 축적한 전문가가 드물었지요. 더욱 복잡하게 전개될 세계적인 무역전쟁에서 저는 통상전문가로서의 가능성이 한눈에 들어왔습니다. 또 그것은 제가 오래 꿈꾸어오던 경제정책 전문가의 길이기도 했습니다.

　그런데……, 세상일은 정말 제 마음 같지 않더군요. 1997년 말 IMF 사태가 터지면서 재경원은 외환위기의 주범으로 낙인찍혔습니다. 다음해 김대중 대통령의 '국민의 정부'가 출범하면서 재정경제원은 재정경제부, 금융위원회,

기획예산위원회, 예산청으로 해체되었습니다. 통상업무도 떼어내서 외교부로 합쳐져 외교통상부가 되었습니다.

우리나라도 이대로 추락하느냐 아니면 이 위기를 도약의 계기로 삼느냐 하는 절체절명의 선택지로 내몰렸고 저도 인생의 목표를 수정하느냐 마느냐의 기로에 서게 되었습니다. 낯설고 물설은 외교부로 가서 도전을 계속할 것인지, 아니면 꿈을 접고 업무영역이 축소된 재정경제부나 기획예산위원회에 남아 안정적인 공무원의 길을 갈 것인지…….

인생의 온도 1

WTO와는 인연이 없나 봅니다

　김대중 정부 초기는 IMF 위기 상황이라 '국난(國難)'을 극복하는 과정에서 정부조직 전체가 폭발적인 변화를 겪었습니다. 공무원 처지에서 소속 부처가 해체되는 것은 거의 천재지변이라 할 수 있습니다. 따라서 지금의 선택이 남은 평생을 좌우할 가능성이 컸습니다.

　저는 정부의 모든 부서의 조직도를 하나하나 살펴보면서 고민을 시작했습니다. 백지상태에서 다시 그림을 그려 본 것입니다. 처음 고시 공부를 시작할 때처럼 저의 목표를 중심에 두고 실현 가능성이 없는 선택지를 하나하나 지워나갔습니다. 가장 고심한 대목은 향후 정부의 역할 변화와 외환위기 이후 우리나라의 산업정책과 통상정책의 변화를 예측하는 것이었습니다.

　IMF 위기는 기존의 국가주도형 경제성장 정책이 그 효력을 다했다는 마침표라고 저는 판단했습니다. 앞으로 우리나라 산업의 볼륨은 더욱 커질 전망이어서 물가와 조세정책에도 시장의 영향력이 커질 가능성이 높았습니다. 경제정책을 주도했던 재경원의 역할도 갈수록 축소될 것이고 당연히 관료들의 역할도 줄어들겠지요. 그러면 관의 힘은 줄어들고 민간의 힘이 확장될 수밖에 없습니다. 즉, 제너럴리스트의 시대가 가고 전문가의 시대가 도래하는 것이라고 생각했습니다.

　다른 한편으로는, 경제력이 커질수록 외교의 중요성이 커지는 국제정치의 일반적 경향도 고려했습니다. 세계 유일의 분단국가인 한국이 개발도상국의 선두 주자라는 사실은 상당한 의미가 있었습니다. 한반도라는 지정학적 위치의 중요성까지 고려하면 동북아 정치와 경제의 중심 역할을 할 가능성이 컸습니다. 게다가 이제 시작인 WTO 체제까지 감안하면 통상전문가의 비전이 그려졌습니다.

　그러나 가능성 하나만 보고 가족을 보살펴야 하는 가장이 쉽게 자리를 옮기는 게 생각처럼 쉽지 않았지요. 공무원이라면 누구나 한 번쯤 가슴에 품었을 '승진'에 대한 미련이 남았거든요. 외교부로 가게 되면 아무래도 정동 외교부 출신의 관료가 아니므로 '고위직' 승진은 어려울 거라고 봤습니다.

　동료와 선배 여러분이 좀 더 생각을 해보라고 만류했는데 저는 통상전문가라는 비전에 인생을 걸고 외교통상부로 가기로 결심했습니다. 지금도 그렇지만 당시에도 재경원에서 외교부로 가는 게 아주 특이한 상황이었지요. 그때가 1998년, 우리 나이로 서른네 살 때였습니다. 뭐든 열심히 하고도 남을 때였지요.

　저는 외교부가 통상관련 업무를 전담하기 위해 설치한 통상교섭본부의 통상정보과에 배속되었습니다. 본부의 공보관 역할도 겸하는 보직이었지요. 주요 업무는 전 세계 공관에서 들어오는 경제통상 정보를 종합하는 일이었습니다. 못내 바라기로는 WTO 관련 업무였으나, 그래서 WTO 통상업무의 전문가가 되려는 거였으나 그 소망은 다음 기회로 미루어야 했습니다.

인생의 온도 1

    1년 반을 통상정보과에서 근무한 뒤 저는 워싱턴대학교로 연수를 떠나게 됩니다. 거기에서 경제학 석사과정을 마치고 2001년에 다시 외교부 통상교섭본부로 복귀합니다. WTO과로 가고 싶었지만 뜻대로 되지 않았습니다. 그러다 일본과 투자협정 협상 업무를 맡고 있던 후배가 자리를 옮기게 돼서 저에게 후임자로 와줄 수 없겠냐는 제안을 하더군요. 예전에 재경원에서 같은 과에 함께 근무했던 후배였습니다.

미국 워싱턴대학교 연수 시절

일본 찍고, 중국으로

　미국에서 연수를 마친 저는 아태통상과에 배속됩니다. 주로 일본·중국과의 경제·통상 업무를 담당하는 부서입니다. 일본과 진행하고 있던 투자협정 관련 협상을 넘겨받아 1년 동안 마무리하는 업무를 담당했습니다. 이 협정은 한국과 일본이 정상 간에 합의한 것으로 한국의 투자시장을 개방하는 최초의 투자협정이었습니다. 당시 일본과 우리의 경제력 격차가 아주 커서 우려하는 목소리가 많았습니다. 경제대국 일본에게 투자시장을 개방하면 자칫 경제적 속국으로 전락할 수도 있다는 우려였습니다.

　왜냐하면 우리나라가 1996년 OECD에 가입하면서 금융시장을 개방하기 시작했고 국내기업에 투자한 외국자본이 한꺼번에 빠져나가면서 재벌그룹이 도산했던 전례가 있었기 때문입니다. 또 IMF 사태 이후에는 자본, 금융, 외환 시장이 전면 개방되어서 부작용에 대한 우려가 커지는 상황과도 관련이 있었습니다.

　협상의 속사정을 모두 밝힐 수는 없습니다만, 막바지 협상의 마지막 쟁점이 금융조항이었습니다. 당시 재정경제부의 금융담당자가 고시 동기생이었습니다. 제가 외교통상부로 오기 전까지 한솥밥을 먹던 친구였는데 고집이 대단했습니다. 우리나라 대통령이 약속한 사항인데도 타협안을 만드는 일을 못한다고 끝까지 버티더군요. 속에서야 천불이 나도 이제는 엄연히 업무가 다르고 승낙을 받아야 하는 내부 협상대상자였습니다.

한동안 제 일과가 출근해서 간단하게 부서 업무 회의를 마치면 그 친구에게 전화를 걸어 설득하는 일이었습니다. 오전 내내 전화하고 점심시간에 잠시 휴전(?)했다가 다시 전화기를 붙들었지요. 사정하고 애원하고, 처음부터 다시 설득하는 일의 반복이었습니다. 꽤 넓은 사무실을 제 목소리로 가득 채운 시절이기도 했습니다.

당시만 해도 협상에 임하는 일본 공무원과 우리 공무원들의 태도가 꽤 달랐습니다. 그들은 대부분 두꺼운 바인더를 들고 테이블에 앉는데 우리는 저를 비롯한 외교부 직원들만 자료를 두툼하게 챙겼을 뿐 대부분은 달랑 서류 몇 장만 들고 오곤 했지요.

협정문 초안이 합의된 후에 협정문 검토작업이 진행될 때였습니다. 원칙은 양쪽의 조약업무 담당자가 참석해서 함께 진행해야 하는데 일본도 우리도 조약담당자가 오지 못하는 상황이 벌어졌습니다. 우리는 업무를 위임받은 제가 그 자리에서 최종 의사 결정을 하면서 진행했습니다. 그런데 상대는 일본에 있는 조약업무 담당자에게 전화를 걸어 일일이 확인 절차를 거치는 것이었습니다. 종종 소심하다 느낄 정도로 꼼꼼한 그들과 종종 지나치게 대범했던(?) 우리의 차이를 실감했습니다.

일본과의 협상을 잘 마무리한 뒤에 저는 중국과의 통상업무를 총괄하는 임무를 맡았습니다.

당시 중국은 그야말로 '핫이슈'였습니다. 제가 아태통상과에 배속된 2001년부터 중국과의 교역이 폭발적으로 증가하기 시작했기 때문입니다. 중국으로부터는 주로 값이 싼 농수산물 수입이 많았는데 위생 검역 분야에서 많은 문제가 발생했습니다. 대표적인 게 납꽃게 수출이었지요. 냉동 꽃게에 납을 넣어 무게를 속인 게 발각되어 큰 사회문제가 되기도 했습니다. 마늘을 거의 덤핑하듯 수출하는 바람에 우리 농민들의 반발로 2년간 마늘 수입을 중단했다가 심각한 무역 분쟁이 벌어지기도 했습니다. 소위 '마늘사태'입니다.

중국과의 교역 문제로 제가 있던 아태통상과는, 조금 과장하면 하루도 조용할 날이 없었습니다. 실무를 총괄했던 저도 눈썹이 휘날릴 정도로 바빴는데, 2년여 근무를 마치니 주중대사관 1등 서기관으로 발령이 났습니다.

앞에서 자주 말씀드렸듯 저는 WTO 통상업무의 전문가가 되고 싶었습니다. 그래서 WTO 본부가 있는 스위스 제네바로 나가고 싶었는데 베이징으로 가게 된 것입니다. 해외공관으로 나갈 때는 업무 연관성을 우선 고려하는 외교부의 인사 원칙이 있어서 그랬습니다.

인사발령이 나고서 저는 제네바로 가지 못한 아쉬움을 뒤로 하고 외교관으로 첫발을 내디딜 중국에 대한 열정으로 마음을 다잡았습니다. 중국이 가장 떠오르는 신흥시장이고 당시에는 우리나라와 교역도 폭증하는 추세여서 앞으로는 유럽 시장과 맞먹을 수 있을 거라는 저 나름의 예측도 있었지요.

중국으로 갈 준비를 하면서 저는 또 한 번, 기묘한 인연의 작용 같은 걸 느꼈습니다. 제가 대학 2학년이던 84년에 선택과목으로 중국정치론과

인생의 온도 1

중국에서

중국최근세사 강의를 들었거든요. 교양과목으로 한문도 수강했습니다. 그때는 중국은 적성국가로 분류되어 교류가 전혀 없던 시절이었습니다. 그런데도 스물한 살의 제가 그 과목을 신청했던 걸 보면 어떤 인연의 끈이 있었던 모양입니다. 인사발령을 받아들자마자 중국정치론의 모순론과 실천론을 강의하던 교수님과 그 내용이 주루룩 떠올랐습니다.

  제 전공인 경제학과 필수과목은 학점이 썩 좋진 않았는데 이 과목들은 제법 성적도 괜찮았습니다. 어릴 때부터 좋아해서 몇 번이나 읽었는지 모를 삼국지의 영향 때문인지도 모르겠습니다만, 북경 가는 비행기에 오르면서도 참 묘한 기분이 들었지요. 인생은 정말 알 수 없는 것들로 가득 채워진 거대한 방이라는 생각도 함께 말이지요. 그렇게 묘한 감정과 기대의 설렘을 안고 외교관으로서 첫 임지인 베이징으로 날아갔습니다.

인생의 온도 1

드디어, 외교관으로 해외 무대 데뷔

저는 중국에서 세 차례 근무했습니다. 처음은 2003년 8월부터 2년 반 동안 주중국대사관 1등서기관으로, 두 번째는 2010년 8월부터 3년간 주중국대사관 참사관으로, 마지막으로는 2015년 9월부터 1년간 중국 대외경제무역대학 방문학자로 있었습니다.

참고로, 외교관의 직제는 3등, 2등, 1등 서기관, 참사관, 공사참사관, 공사, 대사 순으로 높아집니다. 큰 공관에는 직제별로 직급이 다 있지만 작은 공관은 몇 개만 있습니다. 또 해외공관은 대사관, 총영사관, 분관, 출장소 등이 있습니다. 대사관은 한 국가에 하나만 있고 교민이 많은 지역이나 영사업무가 꼭 필요한 곳에는 총영사관을 두기도 합니다. 이런 경우에는 총영사 밑으로 영사들이 있어서 경제 업무, 교민 업무, 사건 사고 등을 담당하게 됩니다.

그래서 영사는 직급이라기보다는 맡은 업무 영역을 가리킵니다. 한 사람이 여러 직위를 갖고 업무를 보는 것이지요. 예를 들면, 제가 처음 베이징에 갔을 때는 1등 서기관 직급으로 경제과장이라는 직위를 맡아 근무했습니다. 경제 관련해서 외교활동을 하는 것이지요. 1년 반쯤 근무한 뒤에는 영사부로 가서 영사업무를 담당했습니다. 이때는 1등 서기관 겸 영사로 교민들의 민원을 처리하고 비자 관련 일을 맡았습니다.

제가 처음 중국에서 근무했던 시기는 한국과 중국 관계가 가장 우호적이지 않았나 싶습니다. 중국에 진출하려는 우리 기업과 관광객이 폭발적으로 늘었습니다. 가히 '중국신드롬'이라 해도 지나치지 않았지요. 본격적인 교류의 시기여서 중국에서 벌어지는 일 하나하나가 관심 사항이었습니다.

외교관의 기본 업무가 주재국의 정치, 경제, 사회, 문화 등 제반 상황과 변화를 본국에 보고하는 일입니다. 다음으로 자국민의 안전과 이익을 보호하는 일입니다. 그러니 저도 경제과장으로서 매일 야근과 주말 근무로 바쁠 수밖에 없었지요.

영사부로 옮긴 뒤에도 마찬가지였습니다. 김대중 대통령의 남북정상회담과 햇볕정책이 뚜렷한 성과를 내고 있었고 남북화해협력 분위기 속에서 남북간 경제협력도 활기를 띠었습니다. 북한과 국경을 맞대고 있는 중국, 특히 연변을 비롯한 중국 동북부 지역은 남북의 경제교류를 잇는 징검다리 역할로 각광받고 있었습니다. 더구나 북한에도 자본주의적 시장경제가 확대되면서 국경을 넘나드는 북한사람들도 많아졌고 탈북자가 급증한 것도 대략 이때부터였습니다.

제가 외교관으로서의 업무와 태도를 익힌 것도 이때부터였지요. 일과를 마치고서도 업무는 계속 연장되었습니다. 중국에 투자했거나 계획 중인 기업인들을 만나고 중국 정부의 경제업무 관련 공무원들과 모임을 통해 인맥을 쌓아나갔지요. 중국에 주재하는 각국 외교관 모임에도 참석하는 일 등등 마음만 먹으면 할 일이 태산처럼 기다렸습니다.

중국에서의 첫 임기 동안 가장 기억에 남은 것은 두 가지입니다. 첫째는, 한-중 FTA 필요성을 건의하는 보고서를 작성했던 일입니다. FTA는 다자간 무역협정인 WTO 체제를 근간으로 하되 협정을 체결한 국가 간에 배타적인 무역 특혜를 서로 부여하는 협정입니다. 당시 우리나라는 미국과의 FTA 협상 추진을 놓고 찬반이 격렬하게 부딪히고 있었지요. 산업경쟁력에서 미국과 상대가 되지 않으므로 관세 및 무역장벽을 허물게 되면 우리나라가 일방적으로 피해를 본다는 우려가 팽배했습니다. 당시에 우리나라는 국내 산업 보호를 명분으로 공산품에 대해서는 고율의 관세를 매겨왔는데 미국의 관세율은 상대적으로 아주 낮았기 때문입니다.

그러나 우리가 경쟁력이 있는 중국과의 FTA는 다를 것이라고 판단했습니다. 당시 우리나라 경제통상 분야에서 중국은 무역과 투자 규모나 현안 면에서 매우 중요했지요. 우리가 주요 수출품인 제조업에서는 충분히 우위에 설 수 있을 뿐만 아니라 북한과의 관계를 더욱 촉진하는 데도 크게 기여할 것이라 믿었습니다. 다만, 농수산 분야에 대한 우려가 있었습니다.

이 일을 계기로 저는 한-중 FTA의 필요성 검토부터 공동연구와 본 협상에 이르기까지 깊숙이 관여하게 됩니다. 자의반 타의반으로 '중국전문가'로 인식되면서 중국과 협력 업무가 많았던 인천광역시에서 국제관계대사를 역임하고, 퇴임 후에는 중국 전문성을 인정받아 청와대 국가안보실 정책자문위원(외교·안보·통일·국방 분야에서 학식과 경험이 풍부한 전문가들로 구성)으로 선임되기도 했습니다. 그러나 한편으로 저는, '중국전문가'라는 말이 조심스럽습니다. 중국은 너무도 광대하고 다양하고 복잡한 나라여서 여전히 모르는 부분이 훨씬 많기 때문입니다.

다음으로 기억에 남는 것은 영사 업무를 하면서 수많은 탈북자들을 만났던 일입니다. 당시 대사관 영사부 건물에는 탈북자 100여 명이 숙식하며 머물고 있었지요. 치외법권이 인정되는 대사관에서 그들을 보호했던 것입니다. 밖에 있으면 언제 중국 공안당국에 붙잡혀 강제송환될지 알 수 없는 분들이지요. 대부분 며칠 밤을 지새워도 다하지 못할 사연들을 가슴속에 간직하고 있었습니다.

한번은 제가 민원을 담당할 때 면담을 요청한 여성 한 분이 탈북자라며 자수한 적이 있었습니다. 신분증을 속여 우리나라 국적인 것처럼 가장하고 대사관까지 들어온 것입니다. 평양의 예술학교 출신이라는 그녀는 북한으로 돌려보내지 말아달라며 눈물을 펑펑 쏟았습니다. 보통의 탈북자들과는 달리 영양 상태도 좋고 얼굴색도 괜찮아 보였습니다. 북한에서도 중류층 이상의 생활을 했던 것으로 짐작되었지요.

6.25 전쟁 때 국군포로로 납북됐다가 탈출한 분도 있었습니다. 이미 연로하셔서 한국에 돌아가더라도 얼마나 여생이 남았을지 알 수 없는 그분을 보면서 삶의 비애를 절감하기도 했습니다. 국가나 체제가 죄 없는 한 인간을 얼마나 지치고 슬프게 만들 수 있는지 제 눈으로 보았던 것이지요.

또 당시 제 업무 중에는 중국 감옥에 수감된 우리 국민을 보호하는 일도 포함됩니다. 강력사건 피의자도 있지만 탈북자와 관련된 사건이 많았습니다. 그중에는 먼저 탈북해서 국내로 이송되어 남한 국적을 취득한 뒤 다시 북에 남은 가족을 데려오기 위해서 중국으로 온 사람들도 있었습니다.

언젠가는 북의 가족을 데리고 오기 위해 탈북자 브로커로 일하던 사람을 면회 간 적이 있었습니다. 북경의 감옥에 수감되어 있었는데 마침 그의 어머니와 면회에 동행하면서 얘기를 나누었지요. 그 어머니는 북한에서 오래 살았던 분 같지 않게 말이 시원시원하고 붙임성이 있었습니다. 남한 사람과 북한 사람들의 특징을 나름대로 설명하더니 이렇게 결론을 내리더군요.

"북의 우리들도 남쪽 사람들처럼 다 똑똑하오. 지도자를 잘못 만나 그렇지."

그분이 스쳐가듯 던진 말이 참 오래 귓가에 남았습니다. 국민은 죄가 없지요. 지도자를 잘못 만난 죄만 아니라면 말입니다.

한번은 길림성(당시 주중국대사관 관할 지역) 장백현(두만강을 경계로 건너편이 북한의 혜산시다)의 법원에서 북에 있는 가족의 탈북을 돕다가 체포된 탈북자 출신 우리 국민의 재판을 방청한 일이 있었습니다. 전날 중국 관계자들의 접대로 머리가 지끈거렸던 와중에도 하루 종일 진행된 재판에 꼿꼿한 자세로 앉아 있었지요.

그분이 재판정에서 최후 진술을 할 때, 방청석에 앉아 있던 저를 가리키며 공개적으로 고맙다는 말도 남겼습니다. 탈북자 출신인 자신을 위해 멀리 한국대사관에서 온 영사가 참석해줘서 참 고맙다는…….

중국에서 많은 탈북자를 접하고 또 중국과 북한 접경지역을 살펴보면서 북한사람들도 우리와 다르지 않다는 생각과 함께 남북문제에 깊은 관심을 가지게 되었습니다. 지금도 가끔 그분들의 모습이 떠오르곤 합니다.

중국, 제대로 알아야 합니다

저는 일정한 시차를 두고 중국에 체류해서 중국 내의 현격한 변화를 피부로 느낄 수 있었습니다. 첫 임기를 2003년에 시작했고 두 번째는 2010년이었으니까요. 중간에 루마니아 대사관으로 갔다가 다시 본부에서 근무하고서 4년 빈쯤 지나 중국에서 두 번째 임기를 시작했기 때문입니다.

2000년대 들어서면서 중국은 급격한 변화를 겪습니다. 10년을 주기로 정권은 교체되는데 사회경제적 변화는 그 속도를 따라잡기가 힘들 정도였습니다. 중국 관료들의 시각과 태도도 정말 빠르게 바뀌었습니다.

제가 1등 서기관이라는 실무자로 중국에서 처음 했던 행사가 '팀 코리아 프로젝트'였습니다. 1주일간 중국 지방정부와 우리 기업들이 참여해서 각종 상담과 영화 상영, 가수 공연 등을 연계하는 프로그램입니다. 2003년 하반기에 길림성과 흑룡강성에서 행사를 했는데 깜짝 놀랄 만큼 협조적이었습니다. 자기들 기업을 알선하는 것은 물론이고 최고 시설의 공연장을 마련하면서도 대관료는 무료였습니다. 관객동원까지도 그들이 책임지겠다고 나섰고, 우리가 요구하는 것은 거의 100% 받아주었습니다. 상당한 비용도 자기들이 거의 부담했습니다. 이렇게 비용이 많이 들어가는 행사임에도 불구하고 다른 지방정부에서 다음 차례를 달라며 줄을 설 정도였습니다.

그런데 2010년, 제가 책임자급인 참사관으로 다시 갔을 때는 전혀 사정이 달랐습니다. 우선 행사를 공동으로 하려는 지방정부가 확 줄었습니다. 또 자기들이 비용을 내야 하는 행사는 안 하려고 했습니다. 한국의 기업인이 오는 건 환영이지만 굳이 그렇게 돈 드는 행사가 아니라도 한국 기업들이 알아서 찾아온다는 자신감도 내비쳤습니다. 불과 몇 년 사이에 자신들의 경제적 위상이 그만큼 커졌다는 걸 알고 있는 것이지요. 요모조모 따져서 구별하는, 아주 실용적인 태도로 바뀐 겁니다.

또 제가 처음 중국 갔을 때만 해도 주중 한국대사는 중국의 장관급들과 주로 만났습니다. 그만큼 한국이 중요한 파트너 대우를 받았다고 할 수 있습니다. 당시에는 저만 하더라도 카운터 파트와 저녁을 먹자고 하면 아주 고마워하면서 10명씩 우루루 나오곤 했습니다. 중국의 우리 기업들도, 교민들도 모두 경기가 좋았습니다. 최고의 호황기였지요.

그런데 2010년에는 만나는 것도 많이 달라졌습니다. 뭐랄까, 좀 시큰둥하다고 할까요? 예의도 갖추고 반가운 표정이긴 한데 예전처럼 환대하는 분위기는 아니었습니다. 오히려 중국 측 카운터파트들이 약속장소도 더 좋고 비싼 곳으로 잡아서 밥값도 내고 그랬지요. 저간의 사정이 이랬으니 우리 대사도 이제는 차관급을 만나기도 힘들어졌습니다. 우리 기업들도 삼성, 현대 등 일부 대기업을 제외하면 많이 어려워졌습니다. 그만큼 중국 내 경쟁이 치열해진 것입니다.

그 짧은 기간에 중국은 엄청 부강한 나라가 되었습니다. 도시와 농촌 간의 사회경제적 격차가 심각하고 부자와 서민층의 소득 격차도 더 벌어지고 있었지만 그건 내부 사정이었고요. 이렇게 국력이 커지면 대외담당자들은 일이 많고 바빠지게 되는 것은 물론 국제적인 위상도 올라가게 됩니다. 우리 미국 대사가 미국 연방정부 장관들을 만나기 힘든 것처럼 자연스러운 현상이라고 할 수 있습니다.

중국 경제의 발전상을 쉽게 확인하려면 대도시 중심가의 대형 광고판을 보면 됩니다. 제가 처음 중국에 갔을 때 가장 많은 광고판이 노키아였습니다. 한때 휴대전화 시장점유율 세계 1위를 차지했던 핀란드의 기업이지요. 2010년에는 노키아가 완전히 사라지고 우리 삼성과 엘지의 핸드폰 광고가 그 자리를 차지하고 있었습니다. 그런데 2015년에는 그 자리가 중국의 IT 업체들로 도배가 되어 있더군요.

이런 변화를 단순히 중국 기업이 생산하는 상품의 품질이 크게 좋아졌다는 정도로만 받아들여서는 안 된다고 생각합니다. 기술의 발전과 산업경쟁력의 성장은 그대로 국력의 크기로 연결되는 시대입니다. 반도체, 배터리, 자동차, 조선산업의 경쟁력이 우리나라를 선진국 대접받게 하는 것만 봐도 그렇습니다.

하지만 이런 기술력보다 더 중요한 게 이런 첨단 제품을 소화할 수 있는 시장의 크기입니다. 제가 처음 중국과 인연을 맺은 지 불과 10여 년 사이에 중국은 몰라보게 성장했지만 그게 전부 세계 최고의 기술력을 가졌기 때문이 아니라는 게 중요합니다. 중국 시장의 크기와 우리 경제의 상관관계를 우리가, 특히 정치인들이 민감하게 느껴야 한다고 생각합니다. 외교는 자국의 이익을 최우선으로 대결하는 현장이고 이를 극대화할 수 있는 정치적 상상력이 중요하기 때문입니다.

지금처럼 신냉전이라 불러도 좋을 진영 대결에서는 더욱 그렇습니다. 미국과의 동맹을 유지하면서도 중국과 척지지 않고 중국 시장에서 점유율을 유지하려면 변화하는 국제질서의 상황과 조건에 따른 정치적 상상력을 발휘할 수밖에 없습니다. 실제로 우리는 IMF 위기를 벗어나는 데 중국 시장의 도움이 정말 컸습니다. 1992년 수교 이후 교역량이 증가했고 2000년대로 접어들기 전에도 연간 250억 달러 내외의 흑자를 기록했지요. 외환보유고를 확충하는 데 결정적 계기가 된 것입니다.

그런데 지금도 우리나라 사람들 중에는 중국을 있는 그대로 인정하지 않으려는 경향이 있습니다. 중국이 세계 경제 2위이고 GDP도 미국의 80%나 되는 나라인데 여전히 과거의 시각으로 중국을 보려 합니다. 경제 관련 통계상의 변화는 인정하면서도 아직 인식의 변화로 이어지지 않은 겁니다. 미국의 장차관이 안 만나주는 건 이해하면서도 중국의 장차관이 안 만나주면 분개하는 경우도 꽤 있습니다.

중국에서 외교관으로 있던 6년 반 동안 노무현, 이명박, 박근혜 대통령의 중국 국빈방문을 바로 옆에서 지켜보았습니다. 그때마다 '한중 경제포럼' 행사를 담당했었지요. 한-중 FTA에서는 본 협상에도 깊이 관여하면서 중국의 변화를, 그들의 잠재력을 확인했습니다.

외교는 그야말로 힘의 우열을 실시간으로 느끼면서 일하는 현장입니다. 과거의 관념이나 타성으로 바라보아서는 곤란합니다. 의사 결정 위치에 있는 사람들일수록 더욱 그래야 합니다. 사드 배치 문제가 좋은 실례입니다. 박근혜 정부 때 사드 배치를 최종 결정했던 사람들이 중국은 어떤 나라인지, 무슨 생각을 하는지, 우리와 얼마나 큰 이해관계가 있는지, 사드를 배치하면 어떤 행동을 취할 것인지 등을 예측할 수 있었다면 우리의 대응도 달라졌을 거라 생각합니다. 관광객 방문 금지, 문화예술 활동 제한 등 중국이 그럴 수 있을 정도로 힘을 가진 나라가 되었다는 걸 제대로 알았더라면 보다 섬세하게 대응하지 않았을까 생각해 봅니다.

  미-중 전략 경쟁 속에 어려운 행보를 할 수밖에 없는 오늘의 우리 현실에도 그대로 적용되는 말이라고 생각합니다.

인생의 온도 1

냉탕에서 만난 '노짱'

중국에서 2년 반 정도 첫 임기를 마친 뒤에 저는 루마니아 주재 우리 대사관 1등 서기관으로 부임했습니다. 솔직히, 좀 아쉬웠지요. 한중관계가 최전성기를 구가할 때라 일은 많았어도 외교관으로서 정말 보람을 느끼던 시기였으니까요. 제네바에서 WTO 통상전문가로 성장하려던 꿈 대신 중국이라는, 가장 떠오르는 이슈였던 나라를 직접 경험했으니 말입니다.

외교관은 정기적으로 본부와 해외를 오가며 근무합니다. 해외 근무의 기본원칙은 '온탕과 냉탕'을 교대로 하는 순환 근무입니다. '온탕'은 다수가 선호하는 나라를 뜻합니다. 북미와 유럽 등 선진국이 그렇지요. '냉탕'은 말 그대로 치안이 안 좋거나 사회인프라가 미흡한 나라입니다. 하지만 세상일이 다 그렇듯 온탕이라고 좋기만 하고 냉탕이라고 나쁘기만 한 것은 아닙니다. 어디든 사람이 사는 곳이고 외교도 사람이 하는 일이라서 겪어보지 않으면 알 수가 없는 법입니다.

당시 외교부 내부에서는 베이징을 '온탕'으로, 루마니아는 '냉탕'으로 분류했습니다. 베이징 근무를 마칠 무렵, 다음 부임 희망지 3개를 적어서 제출했습니다. 그런데 어느 날 본부의 인사담당자가 전화해서 루마니아,

공직생활

노무현 대통령 루마니아 국빈 방문 당시

인생의 온도 1

방글라데시, 네팔, 에콰도르 등 4개국을 불러주면서 30분 안에 가고 싶은 곳을 알려달라고 하더군요. 부랴부랴 루마니아에서 근무한 경험이 있던 동기에게 전화했더니, 고민할 것 없이 무조건 루마니아로 가라고 했습니다. 그렇게 나의 다음 근무지가 루마니아로 결정되었습니다.

루마니아에서 저는 마음에 두고 있었던 '노짱', 노무현 대통령을 직접 만날 수 있었습니다. 제 인생에서 처음이자 마지막이었던 그분과의 '만남'이었습니다.

1990년 한국과 루마니아가 수교했는데 제가 부임한 2006년에 대한민국 대통령으로서는 처음으로 노무현 대통령이 국빈방문으로 루마니아에 오셨습니다. 9월 5일부터 2박 3일의 짧은 시간이었지만 대사관은 훨씬 전부터 전직원이 방문행사 준비에 매달렸습니다. 당시 1등 서기관이었던 저는 대통령의 첫 공식행사였던 동포간담회와 대표단이 묵을 숙소를 담당했습니다.

동포간담회 행사 준비도 간단치 않았습니다. 참석 대상 동포를 일일이 선정해서 인적사항을 본부에 보고해야 합니다. 신원조회를 위해서입니다. 처음부터 목록에서 누락되는 사람이 없도록 잘 챙기는 게 중요합니다. 또 신원조회에서 지적된 분에게는 기분 상하지 않도록 그 맥락을 잘 전달하는 것도 쉽지 않은 일입니다. 대통령 내외분께 꽃을 전달할 화동을 선발하는 일도 예민한 문제입니다. 아주 주목 받는 영광스러운 일이니까요. 화동이 들고 갈 꽃을 주문해서 정확한 시간에 도착하도록 준비하고, 행사 후 동포들이 먹을 식사를 준비하는 일 등등 꼼꼼하게 챙겨야 할 일이 아주 많습니다.

정상행사를 치르면서 노짱과 사진을 찍을 기회를 만들기 위해 노력했습니다.

교민이었으면 그냥 자연스럽게 사진 찍자고 요청할 수도 있겠는데 대통령한테 공무원인 제가 그렇게 할 수는 없으니 참 고민스러웠습니다.

이런 저의 마음을 알게 된 경호원들이 묘책을 넌지시 알려주는 게 아니겠습니까? 대통령은 출국하려 숙소 호텔을 나서면서 로비에 교민들이 있으면 악수를 하신다는 거였습니다.

저는 교민 몇 분을 로비로 나오도록 '작전'을 폈습니다. 그리고는 한켠에 저도 슬쩍 끼어 있었지요. 그래서 노짱과 그렇게 고대하던 악수를 할 수 있었습니다. 노무현 대통령과 저의 처음이자 마지막 만남이었습니다.

그런데 두 달쯤 지났을까요? 대사관 외교행랑으로 두툼한 꾸러미가 하나 도착했습니다. 열어보니 대통령께서 루마니아 방문 기간 동안 공식 비공식으로 만난 분들의 사진이 들어 있었습니다. 전속 사진사가 당사자들에게 전해주라며 촬영한 것을 전부 보내준 것입니다. 용케 제가 노짱과 악수를 나누는 사진도 거기에 있지 뭡니까. 뜻밖에 큰 선물을 받은 느낌이었습니다.

인생의 온도 1

FTA와 지도자의 안목(眼目)

2007년 8월, 외교부로 복귀한 저는 자유무역협정(FTA) 무역규범과장으로 보임되었습니다. 한-미 FTA 협상이 막 끝난 뒤였지요. 6월 30일에 워싱턴에서 양국이 서명했고 9월 7일에 비준동의안이 국회에 제출되었습니다. 우리 정부는 한-미 FTA를 기점으로 양자간 무역협정을 본격적으로 추진했습니다. 한-EU FTA 협상, 한-중 FTA 공동연구가 진행 중이었습니다. 한-중 FTA는 제가 그동안 중국에서 보고 배운 것들을 바탕으로 본 협상에도 깊이 관여했습니다.

FTA(Free Trade Agreement : 자유무역협정)는 국가 간 상품의 자유로운 이동을 위해 관세 및 비관세 무역장벽을 완화하거나 철폐하여 배타적인 무역특혜를 부여하는 협정으로 기본적으로 양자(兩者) 간의 협정입니다. 이에 비해 WTO는 다자(多者) 간 무역협정으로 많은 나라가 공동의 이익을 추구하게 됩니다. 각국의 사정이 저마다 다르니 합의할 수 있는 무역조건이 아무래도 좁을 수밖에 없습니다.

원래 우리나라는 다자간 무역협정, 즉 WTO 체제를 중시했습니다. 그런데 여러 국가 간에 FTA 체결이 본격화되면서 우리도 깊은 관심을 가질 수밖에 없었습니다. 양자간 무역협정이 체결되면 안 한 나라들이 아무래도 손해를 보게 되어서 그렇습니다.

통상전문가가 되겠다는 꿈을 가졌던 저는 FTA에 대해서 일찍부터 관심을 가졌습니다. 처음 외교부의 아태통상과에서 일할 때 일본과의 FTA 공동연구에도 참여했습니다. FTA 무역규범과장으로 일하면서 한-뉴질랜드 FTA, 한-콜롬비아 FTA 협상을 총괄했습니다. 또 호주, 걸프협력회의(GCC), 페루, 멕시코와의 FTA 협상에도 참여했습니다.

FTA 협상은 육체적으로 무척 힘든 일입니다. 주말에 출국하여 월요일부터 금요일까지 낮에는 협상, 밤에는 협상 결과 보고서를 작성하고 주말에 귀국하여 월요일에 출근해서 근무하는 일정이 보통이기 때문입니다. 또 FTA 협상은 외국과의 협상이 20%, 국내 부처와 이해관계자와의 협상이 80% 정도의 비중을 차지합니다. 그만큼 내부의 조율이 중요합니다.

지나고 보니 모든 FTA 협상이 우리에게 불리한 것만은 아니었다는 평가를 받았지만, 협상을 시작할 때만 해도 비판 여론이 어마어마했습니다. 미국과의 FTA는 말할 것도 없고 그 전에 시작했던 한-칠레 FTA부터 논란이 컸습니다.

한-칠레 FTA는 1998년에 시작되어 2002년에 협상이 타결되었습니다. 우리나라가 최초로 맺은 FTA 협정입니다. 우리로서는 한-미 FTA 전에, 이를테면 워밍업(?) 같은 목적도 있었습니다. 경제구조 측면에서 우리나라와 보완관계이면서 지리적으로 지구 반대편에 있어서 큰 영향은 없다고 생각한 협상이었습니다. 그런데 농업 부문 협상 과정에서 국내 농민 단체의 반발이 심각할 정도였지요.

인생의 온도 1

한-GCC(걸프협력회의) FTA 협상

한-페루 FTA 협상

당시 저는 아태통상과에서 근무하면서 진행 과정을 꼼꼼히 지켜보았습니다. 제가 보기에 농민들의 반발은 그동안 정부의 주요 정책에서 소외되어온 피해의식이 크게 작용한 듯했습니다. 실제로 그 전에 우리나라가 WTO에 가입하면서 농업부문의 피해 대책이 미흡했었습니다. 반대하는 농민이 자결하면서 큰 사회적 문제가 되기도 했으니까요. 그만큼 농업은 민감한 사안이라는 걸 다시 한 번 확인했습니다.

국가 간 통상 협상이라는 게 어느 한쪽에 일방적으로 유리한 경우는 드뭅니다. 한 분야에서 이익을 보면 손해보는 다른 분야가 있기 마련입니다. 그러면 이득을 보는 산업 분야에서 피해를 보는 분야에 대해 손해를 덜어주는 제도가 필요합니다. 우리는 한 칠레 FTA를 통해 그런 피해보상체계를 만드는 경험을 익힐 수 있었습니다.

이처럼 우리나라는 FTA 협상을 통해 비로소 세계 주요 무역국의 대열에 합류하며 경제적 위상을 높이는 결과를 이끌어냈습니다. 특히 한-미 FTA는 거셌던 논란만큼이나 우리가 얻은 것도 많았습니다. 우리나라 제조업 분야가 세계적인 경쟁력을 제고하는 데 크게 기여했다고 생각합니다. 단기간의 이익도 그랬지만 미국이라는 선진국과도 경쟁할 수 있다는 자신감을 가질 수 있었지요.

저는 이런 유형 무형의 이익이 몇억 달러를 더 수출하는 것보다 더 큰 무엇을 우리 국민과 산업계에 남겼다고 생각합니다. 노무현 대통령이 정치적 유불리만을 따졌다면 그 많은 비난과 반대를 무릅쓰면서 한-미 FTA를 추진할 이유가 없었겠지요. 뛰어난 안목을 가진 리더였고, 그 일을 추진하는 리더십이 있었기에 가능했다고 생각합니다.

인생의 온도 1

한-GCC(걸프협력회의) FTA 제1차 협상 개회식

그런 점에서 보면 김대중 대통령 또한 대단한 안목의 소유자였습니다. 일본의 문화를 받아들이는 개방 정책과 스크린 쿼터를 축소한 것도 엄청난 반대에 직면했었지요. 그러나 그 결과는 지금 우리가 느끼는 그대로입니다. 'K-컬처'로 이름 붙은 우리 문화 콘텐츠의 위상은 그때부터 시작된 셈입니다.

어떤 국가든 지도자의 안목은 그 나라의 10년 이상을 좌우합니다. 2023년, 지금 우리는 어떤가요?

인생의 온도 1

내일을 알 수 없다

　제가 주파키스탄대사관의 공사참사관으로 부임한 때가 2013년 8월이었습니다. 당시 파키스탄은 우리 외교부에서 여행 제한을 권고할 정도로 치안이 열악했고 저는 가족을 중국에 남겨두고 혼자 부임했습니다. 이즈음의 저는 마음고생을 심하게 앓았지요. 저와 가족의 문제 때문이었습니다.
　참사관으로 중국에서의 두 번째 임기를 마무리할 즈음에 갓 출범한 박근혜 대통령이 정부조직개편안을 발표했습니다. 외교통상부의 통상교섭본부를 분리해서 산업부로 이관시키는 게 핵심이었습니다. 저는 뉴스를 보고서야 그 사실을 알았습니다. 전혀 예상 못한 일이어서 몹시 당황스러웠습니다. 저로서는 공정거래위원회 → 재정경제원 → 외교부로 이동했는데 통상업무를 하기 위해서는 다시 산업통상자원부로 가야 하는 처지가 된 것입니다.
　제 꿈이 통상전문가가 되는 것이고 외교부에서도 통상 관련 업무가 전공이니 당연히 저는 새로 편제가 짜여진 산업통상자원부로 가는 게 맞았습니다. 그런데 문제는 제 아이들이 중국에서 고등학교를 다니고 있었던 겁니다. 산업통상자원부로 가려면 일단 외교부 본부로 복귀해서 다시 산업통상자원부로 가는 이직 절차를 밟아야 하는데 그러면 아이들도 귀국할 수밖에 없었지요. 아들이 고등학교 2학년, 딸은 고등학교 1학년이었습니다. 그러니 국내로 가는 것은 아이들에게 매우 곤란한 일이었습니다.

오래 고민한 끝에 결국 저는 제 꿈을 접었습니다. 여러 나라를 오가며 전학을 많이 다녀야 했던 아이들이 고등학교 만큼은 한 곳에서 마치고 싶어했기 때문입니다. 그렇게 파키스탄의 수도 이슬라마바드로 부임했습니다.

당시 파키스탄은 크고 작은 테러가 끊이지 않았습니다. 하루가 멀다 하고 테러 보고서를 쓰는 게 일이었습니다. 학교, 교회, 모스크, 공원, 시장 등 사람이 많이 모이는 장소면 가리지 않고 테러 대상이 되었습니다.

산다는 게 그렇게 허망할 수 있다는 걸 저는 처음 목격했습니다. 테러 현장에서 전통복장인 힌색 샬와르 카미즈가 선혈로 붉게 물들어 가는 것이 지금도 눈에 선하지요. '좋은 정치'와 '좋은 리더십'이 얼마나 중요한지 뼈저리게 느낀 시기였습니다.

그런 한편으로 외교관으로서 기본 일도 빼놓지 않았습니다. 대사관에 머무는 것이 가장 안전했지만 그렇다고 외교관이 안에서만 일을 볼 수는 없는 법. 행사나 모임에 참석하려면 밖으로 나가야 했습니다. 대사관의 차석으로 대부분의 모임에 참석했습니다. 참석하지 않아도 크게 문제 될 건 없었지만 외교관의 의무라고 생각했습니다. 대한민국 외교관으로서 열심히 일한다는 모습도 보여줘야 하니까요.

사실 외교관 모임은 참석하는 것 자체가 쉽지 않은 일입니다. 리셉션이 보통 저녁 7시를 훌쩍 넘겨서야 시작하거든요. 야근을 하는 셈인데다 매번 낯선 사람과 신경써서 대화를 나누는 것도 한두 번은 몰라도 매달 몇 차례씩 1년

인생의 온도 1

내내 이어지면 쉽지 않지요.

　그랬는데, 결국에는 파키스탄에 주재하는 아시아 국가 대사관 차석 모임의 회장직도 맡게 되었습니다. 참석하는 것도 번거롭고 힘든데 모임을 주관하는 일은 더욱 그래서 몇 번이나 고사했지만 떠맡게 된 것입니다. 이슬라마바드 외교가에서 그런대로 평판이 괜찮았다는 증명으로 받아들였습니다. 제가 회장직을 맡은 이후에 가끔 모임에 얼굴을 비추던 북한대사관의 차석은 한 번도 참석하지 않았습니다.

　파키스탄 근무를 마치고 통상교섭본부 이관으로 국내 복귀가 여의치 않아서 중국으로 승진 연수를 택했고, 중국 대외경제무역대학 방문학자로 1년을 공부하고 돌아왔습니다. 그곳에서 중국의 대외무역정책에 대해 연구했습니다. 저의 세 번째 중국행입니다.

　그리고는 인천광역시의 국제관계대사와 이스탄불의 총영사로 근무하면서 외교관으로서의 공직을 마쳤습니다. 한 마디로 시원섭섭했지요. 더 열심히 할 수 있었다는 아쉬움, 그래도 정치인으로 새로운 도전과 출발이라는 기대감 등등 감정이 참 묘하고 복잡했습니다.

　경제전문가의 꿈을 가지고 경제기획원에서 뼈를 묻을 계획이었지만, 우여곡절 끝에 외교관이 되었습니다. 낯을 많이 가리는 성격인데, 끊임없이 새로운 사람과 새로운 나라를 경험해야만 하는 일을 하게 된 것입니다. 만약, 통상업무가 산업부로 넘어가지 않았다면 저의 인생행로도 지금과는 달라졌을지 모릅니다. 참으로 세상의 일이란, 더구나 사람의 일이란 내일을 알 수 없는 듯합니다.

공직생활

아시아-태평양국가 차석모임

튀르키예 한인회 총연합회 춘계 체육대회

세상의
온도

6장
인생의 온도 2
이렇게 자랐습니다

인생의 온도 2

두 분의 아버지

저는 전남 나주에서 태어났다고 들었습니다. '들었다'고 말씀드린 건 그곳의 기억이 거의 남아 있지 않기 때문입니다. 제가 과거식의 우리 나이로 5살, 만 나이로는 3살 때, 그러니까 부모님은 20대 후반에 나주를 떠나 평택(당시에는 송탄읍)으로 오셨습니다. 저와 두 살 터울인 여동생 그리고 부모님, 해서 모두 네 식구였습니다. 송탄에서 자리를 잡은 뒤에 저와 여섯 살 터울인 막내딸을 하나 더 얻어서 다섯 식구가 되었습니다.

아버지는 어느 식당의 주방에 자리를 잡고 일을 배우셨고 얼마 후에 독립해서 식당을 열었습니다. 장사가 한창일 때는 작은 3층짜리 건물에 식당과 정육점을 같이 운영한 적도 있었습니다. 지금 생각하면 당신께서는 장사수완이 뛰어났다기보다 한눈팔지 않고 생업에만 전념하셔서 그랬던 거 같습니다.

아버지는 장남이었습니다. 장손을 공부시키기도 힘들 만큼 가난한 집안의 장손이었습니다. 그래서였는지 아버지가 식당을 개업했을 때 삼촌과 고모들이 와서 식당일을 도왔습니다. 저보다 두 살 많은 삼촌과는 한집에 살면서 학교도 같이 다녔습니다.

사실, 돌아가신 부모를 추억 하는 자식의 기억은 아무래도 객관적일 수는 없지요. 저도 마찬가지여서 학교를 다니는 동안에는 부모님의 처지를 짐작만 할 뿐, 그 옹골진 속마음까지 다 살필 수가 없었습니다. 또 나이 들어서는 가정을 꾸리고 외국을 돌아다니느라 부모님의 지난 세월을 들을 기회도 별로 없었습니다. 다만, 저도 자식을 낳아 기르고 부모노릇을 하면서

옛날을 돌아볼 때마다 당신들에 대한 기억의 조각들로 짐작하곤 합니다.

제 기억 속의 당신은 평생을 일만 하신 분으로 남아 있습니다. 식당을 하실 때도, 조금 지나 식당을 넘기고 가방을 파는 가게를 하실 때도, 나중에 청량리에서 은퇴하실 때까지 과일가게를 하실 때도 그랬습니다. 꼭두새벽에 집을 나서면 한밤중에 들어오셔서 눈만 붙이고는 다시 일하러 가셨습니다.

아버지는 담배는 자주 피셨지만 술은 평생 거의 입에 대지 않았습니다. 또 제 기억 속의 당신은 정말 말이 없는 분이었습니다. 자식들의 학교 성적이나 진학에도 이래라 저래라 말씀하신 적이 없었습니다. 어머니와 어떤 의논을 하셔서 그랬는지는 모릅니다만, 당신이 자식들에게 아주 무관심한 것은 아니었습니다. 제가 중학교 입학시험 때 어쩌다 공동 1등을 했습니다.

그때 아버지께서 초등학교 선생님들을 전부 식당으로 초대해서 소갈비를 '무한리필'로 대접한 것만 봐도 알 수 있습니다.

　여러 사연으로 송탄읍에서 하던 생업을 접어야 했던 당신은 청량리역 옆에 단칸방을 얻고 과일가게를 열었습니다. 고3인 저는 평택에 남고 네 식구가 방 하나에 살았습니다. 산지에서 올라오는 물건을 받으러 새벽 2시면 집을 나섰습니다. 그 일만 20여 년을 꼬박 하루같이 하신 양반입니다. 돈을 떼먹은 사람들한테는 역성 한 번 내지 않으면서 당신은 이자 주는 날을 하루도 넘기지 않으려고 애썼습니다. 일흔이 가까워 쇠약해지신 뒤에야 일을 그만두셨는데 그 직전에야 빚을 다 갚았다고 나중에 말씀하시더군요. 이 정도면 그냥 고지식한 사람이라고 해도 맞지 않을까 싶습니다.

　형제 많은 집의 장손, 다섯 식구의 가장이라는 짐을 평생 지고 오신 아버지의 마음을 저는 백 분의 일도 짐작조차 못합니다. 어쩌면 당신께서는 중학교를 마지막으로 집안의 농사를 거들기 시작하면서 자신이 걸어야 할 험난한 인생길을 감지하셨는지도 모르겠습니다.

　평생을 무거운 책임감으로 버티던 당신이셨지만, 그래도 제가 대학교를 들어갈 때쯤부터는 은연중에 마음 한구석을 열어주기도 하셨습니다. 드물지만 제가 무슨 의견을 드리면 하던 일을 멈추고 깊이 귀를 기울이곤 하셨지요. 원체 목석같은 아버지여서 그 정도의 반응으로도 당신의 감정의 결이 어떤지 느낄 수 있었답니다.

　아버지는 손에서 일을 놓은 뒤에야 반평생을 따라다니던 빚은 겨우 가렸지만 대신 폐암이 가슴을 갉아대는 것은 모르셨습니다. 제가 튀르키예에서 귀국하던 그해 2월에 진단을 받았는데 다행히 제가 5월에 뵈었을 때는 조금 차도가 있을 때였습니다. 한양대 병원과 집에서 요양을 하셨는데, 폐암 진단 뒤에도 집에서는 몰래몰래 담배를 태우곤 했습니다.

제가 당선되었을 때, 당신도 정말 얼굴이 환했습니다. 제가 국회의원이 되었으니 이제부터 담배를 끊겠다고 가족들 앞에서 선언까지 하실 정도로 좋아하셨지요. 그래도 가슴을 다 갉아먹고 전신으로 퍼져나간 암세포까지 끊어내진 못하셨습니다.

또 한 분의 아버님도 제가 당선된 뒤 저와 아내의 곁을 떠났습니다. 장인어른은 영광에 계시다가 2020년 초에 뇌종양 진단을 받고 서울에서 투병 생활을 하셨습니다. 위중한 상태였고 저는 불리한 선거판 한복판에서 힘들게 선거를 치르고 있었습니다. 더구나 코로나19 2차 유행이 본격적으로 진행되던 시기여서 문안도 거의 불가능했습니다.

막내사위에게 장인어른은 더 할 수 없이 좋은 어른이셨습니다. 어떤 말씀도 귀에 거슬리지 않게 들려주는 배려심이 대단한 분이었습니다. 그런 장인도 저의 출마만큼은 강하게 말렸습니다. 외교관 사위를 자랑스럽게 생각하셨던 분입니다. 애지중지 키웠던 막내딸이 걱정되셨을 겁니다.

선거를 앞두고 두 분의 아버님이 암투병 중이었으니 저로서는 참으로 마음이 무거웠습니다. 만약 낙선한다면 두 분께 모두 불효하는 것이라는 걱정이 컸습니다. 다행히 운이 좋아 당선되었고 두 분 아버지께서 기뻐하시는 모습을 보고 안도의 한숨을 쉴 수 있었습니다. 코로나19로 인해 마지막 시간들을 제대로 함께 할 수 없어서 너무도 안타까웠고 마음이 아팠습니다.

두 분은 그로부터 1년 6개월 뒤에 3주의 시차를 두고 떠나셨습니다. 제 인생에 큰 주춧돌이던 두 분 아버지를 잃었습니다. 만났으면 헤어지는 게 세상 이치라지만 막상 제게 닥치니 아픔이 컸습니다. 기쁨과 슬픔은 적당히 뒤섞여 갈음되지 않았습니다. 기쁨은 기쁨대로, 슬픔은 슬픔대로 각자의 가슴에 흔적을 남긴다는 옛 어른들의 말씀이 절실하게 다가왔지요.

유년시절 가족사진

어머니, 묵묵히 곁을 지켜준 어른

오래 같이 살다 보면 부부는 닮는다는 어른들의 말씀도 있습니다만, 어머니는 그래도 아버지와는 꽤 다른 분이었습니다. 이재에도 조금 밝으셨고 사람 사이의 이해관계나 상대의 처지와 입장을 헤아리는 눈썰미도 좋았습니다. 아버지가 무슨 말이든 꾹꾹 눌러 참는 타입이라면 어머니는 상황에 따라 할 말과 해서는 안 될 말을 구분하셨던 거 같습니다. 상대적으로 아버지보다는 조금 더 외향적입니다.

그래서 송탄에서 음식점이나 가방가게, 청량리에서 과일가게로 자식들 공부시킬 수 있었던 데는 어머니의 역할이 상당했으리라 여겨집니다. 아버지가 그저 묵묵히 성실하게 일하시느라 한눈 돌릴 틈도 없었다면 어머니는 아버지의 수입 중에서 그래도 아껴서 적금도 들고 자식들 학자금도 따로 주머니를 만드셨던 것 같습니다.

이처럼 어머니는 아버지와는 다른 기질의 소유자입니다만, 자식들 교육문제에서 만큼은 두 분이 별 차이가 없었습니다. 학업이나 진학문제에 대해서는 일체 관여를 하지 않으셨습니다.

저의 고등학교 진학문제만 해도 그랬습니다. 당시 송탄에서 조금 여유가 있는 집들은 중학교를 졸업하면 가까운 수원이나 서울로 유학을 보내는 게 보통이었습니다. 그때 식당과 정육점을 운영하면서 형편도 어렵지 않았는데 한 번도 그런 말씀을 하신 적이 없었습니다. 저도 아주 내성적이었던 터라 부모님께 진로 계획을 먼저 상의하지 않았지요. 당시 평택에서 가장 인기 있던 평택고등학교에 가야겠다고 생각했습니다. 그런데 담임선생님이 3차례나 가정방문을 하셔서 같은 학원재단 소속이던 효명종합고등학교를 권유했고 두 분도 순순히 그 제안을 받아들였습니다.

저는 두 분이 어떻게 그럴 수 있는지를, 제 아이들을 키우면서 어느 정도 알 것 같았습니다. 가정이 있는 외교관은 대부분 가족과 함께 주재국으로 나갑니다. 저도 아이들이 고등학생이어서 전학이 어렵고 치안도 불안한 파키스탄 때를 제외하고는 늘 가족과 함께했습니다.

저는 두 아이에게 나중에 국내대학으로 진학할 경우를 대비해서 국어 공부를 좀 강조했을 뿐 더 요구할 게 없었습니다. 그리고는 아이들의 성장을 그냥 지켜보았습니다. 그야말로, 건강하게, 자신의 꿈을 찾을 수 있도록 응원하는 정도였지요. 그랬더니 정말 아이들은 자기가 원하는 걸 발견하고 찾아갔습니다.

저의 부모님도 아마 그랬던 것 같습니다. 저의 진학 문제는 당신들께서 경험하지 못한 일이었고 한편으로는 맏이인 저의 선택을 응원하는 것 외에 다른 뾰족한 방법도 없어 보였을지도 모르겠습니다. 특히 제가 고시를 준비할 때는 더욱 그러셨을 거 같습니다.

나중에야 말씀해주셔서 알았습니다만, 어머니는 은근히 제가 고시준비를 했으면 하고 속으로 많이 바라셨더군요. 어머니는 이 얘기를 제가 합격하고서도 오랜 세월이 지나서야, 그것도 지나가는 말처럼 하셔서 비로소 알았습니다.

그제야 저도 짚이는 게 있었습니다. 제가 고시 재수생일 때 합격자 발표 전날에는 잠을 못 잤다고 합니다. 뒤척거리다가 한밤중에 일어나 부엌을 들락날락하다가 찬물을 끼얹고 그랬다는 겁니다. 초조해서 그런 모양인데, 신기하게도 저는 그런 기억이 전혀 없었습니다. 아들인 제가 기억하지 못하는 것을 꼼꼼하게 기억할 수 있었던 것은 어머니는 저 이상으로 초조하고 걱정스럽고 자식이 염려되었던 것이지요.

글쎄요, 그 속 터지는 심정으로 몇 년이나 자식을 지켜보는 그 마음을 제가 어떻게 설명할 수 있겠습니까. 다만, 부모님은 제기 무엇을 하든 어떤 곤경을 겪든 언제나 곁을 떠나지 않고 묵묵히 지켜주었습니다. 그때는 몰랐지만, 몰라서 답답할 때도 많았지만, 나이 들어 웬만한 세상일을 겪은 지금에야 조금 알 것 같습니다.

자식 이기는 부모 없다는 말도 이제 수정할 필요가 있겠습니다. 부모는 한없이 자식에게 져주면서도 끝내 곁을 지켜준다고 말입니다. 어머니, 건강하게 오래오래 사세요.

인생의 온도 2

고요했던, 혹은 조금 쓸쓸했던 10대

저는 어린 시절의 기억이 그다지 없습니다. 유년기야 그렇다 치더라도 남들은 열 손가락으로 꼽아도 모자랄 초등학교 때의 기억이 특히 그렇습니다. 마치 분필로 칠판에 빽빽하게 써둔 글자들을 누군가가 지우개로 슥슥 지워버린 듯합니다. 어떤 대목은 하도 흐릿해져서 도무지 알아볼 수가 없고 또 어떤 부분은 아주 말끔히 지워져서 처음부터 없었던 일인 것 같습니다. 그래서 그때 그 친구들을 만나 이런저런 얘기를 나누다 보면 저는 마치 딴 세상을 헤매다 온 것처럼 느껴지기도 합니다.

초등학교 때는 집 앞 만화방에 숨어서 줄곧 만화와 무협지를 본 기억만 가득합니다. 선생님들이 만화방 출입을 금지해서 가슴을 두근두근하면서도 만화의 세계, 그 무한한 상상의 세계를 탐닉했지요. 용돈을 푼푼이 모았다가 적당한 시점이 되면 몰래 들어가는 짜릿한 감각만 기억납니다.

그나마 어렴풋하게 생각나는 건 초등학교 4학년 겨울의 어느 날입니다. 선생님 집에 공부하러 갔었는데(당시에는 담임선생님의 과외수업이 가능했습니다) 무슨 영문인지 양말도 없이 갔다가 선생님 댁의 양말을 얻어 신고 돌아온 거 같습니다. 최흥숙 선생님으로 기억하고 있습니다.

이렇게 자랐습니다

초등학교 소풍에서

　얼마 전에 초등학교 동창생이 사진을 한 장 보여준 적이 있습니다. 소풍갔을 때 찍은 사진이라는데, 물론 저는 그 사진을 처음 보았지요. 그런데 그 사진에서 끝내 저를 찾아내지 못했지 뭡니까.

　언젠가 여동생한테 받은 가족사진 한 장이 제 초등학교 시절의 존재를 증명하는 전부일 정도입니다. 분명히 세상에 대한 호기심으로 반짝였을 그 시간들과 추억들을 어디서 되찾을 수 있을지 많이 아쉽습니다.

　초등학교 때 저는 공부를 썩 잘하지 못한 것으로 알고 있습니다. 잘했다면 6년 동안 학기마다 받을 수 있었던 열두 번의 기회를 다 날려버리고 어떻게 우등상장이 한 개도 없었겠습니까. 그런데 어찌된 일인지 저는 중학교 입학시험에서 무려(?) 1등을 해버리고 맙니다. 4명이 동점이어서 말하자면, 공동우승 같은 거였는데 그래도 1등은 1등이었지요. 제 학창시절을 통틀어 처음이자 마지막이었습니다. 이후로 중학교 때는 내내 반에서 3~4등이었고 고교 때는 줄곧 2등이었지요.

세상의 온도 | 235

저는 참 내성적이었습니다. 중학교 3학년 때인가 학습부장이란 걸 해본 게 학창시절 감투(?)의 전부인 거 같습니다.

***

제가 중학생일 때는 한 반의 학생수가 70명이 좀 넘는, 이른바 '콩나물 시루'가 7개 반이나 되었습니다. 특별히 눈에 두드러지지 않고 조용하게 책이나 읽으며 지냈던 거 같습니다.

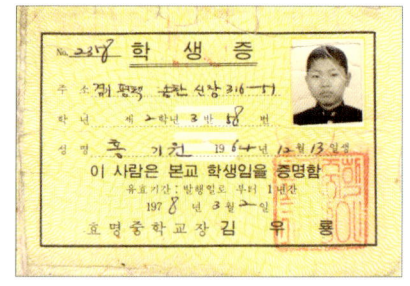

중학교 학생증

초등학생 때 만화와 무협지를 탐독했던 데 비해서 이때는 소설과 위인전을 주로 읽었습니다. 방학 중에도 굳이 버스를 타고 학교도서관까지 가서 책을 빌리곤 했습니다. 그렇다고 책 사랑이 대단했던 저명인사들처럼 제가 독서가의 자질을 타고 나서 그랬던 것 같지는 않습니다.

이때 제 가슴을 뜨겁게 달군 소설을 발견합니다. 삼국지입니다. 그 광대한 스케일, 어린 제 상상의 너머에서 빛을 발하는 영웅들, 수십 겹의 보자기를 풀어야 겨우 드러나듯 흥미 만점의 심리묘사, 숨 막히는 감동으로 다가오던 전략과 전술의 지혜 등등…….

***

삼국지는 그렇게 어린 제 영혼을 사로잡았습니다. 중고생 시절에만 몇 번이나 되풀이 읽었습니다. 중국의 역사와 한자에 좀 익숙해진 20대에도 종종 삼국지를 뒤적였고 제가 외교관으로 중국과 깊은 인연을 맺게 되면서 더욱 그랬습니다. 중국에서 근무할 때는 드라마로도 서너 번을 보았으니까요.

그래서인지 삼국지에서 저 나름대로 간추린 교훈은 한동안 제가 세계를 보는 창(窓)이 되었고 사람을 알아보는 데 렌즈의 역할을 했던 것 같습니다. 사사롭게 행동하면 대의를 그르친다, 명분 없이 처신하면 졸장부가 된다, 당장 손해를 보더라도 길게 이득이 되는 자리에 서라, 겸손해라! 고수(高手)들은 세상 곳곳에 숨어 있다, 등등이 그런 것입니다. 삼국지를 읽으면서 대륙, 광대한 땅에 대한 부러움이 생겼습니다. 지금도 국토가 광대한 나라들, 미국, 러시아, 호주, 브라질 같은 나라를 부러워하고 여행하는 꿈을 가지고 있습니다.

***

고등학교는 효명중학교와 같은 학교재단인 효명종합고등학교로 진학했습니다. 처음에는 평택고를 갈까 생각했는데, 특별한 이유는 없었고 공부를 좀 하는 친구들 따라서 그랬던 것 같습니다. 중3 담임선생님이 집에까지 찾아와 부모님을 설득했습니다. 저도 순순히 담임선생님의 권유에 따랐지요. 어디를 가건 공부는 자기 하기 나름이라고 편하게(?) 마음먹었던 모양입니다.

지금 생각해보면 저는 웬만큼 나이를 먹을 때까지 세상을 살아가는 요령에 관심이 없었던 것 같습니다. 대신 세상과 자신의 존재에 대한 질문이 머릿속을 가득 채우고 있었지요. 이를테면, 모든 물질의 최소 단위가 원자이고 우리 몸도 원자로 구성되어 있을 텐데 생각은 어떻게 만들어질까? 어떻게 원자가 모인 사람이 생각이라는 걸 하게 된 걸까? 우주에도 끝이 있을까? 그럼 그 너머에는 또 무엇이 있을까? 물가는 왜 올랐다 내렸다 할까? 경제는 어떻게 움직이지……?

꼬리에 꼬리를 물고 의문은 끝없이 이어집니다. 어느 대학, 무슨 학과를 선택해서 전공을 삼을지, 직업은 무엇으로 할지, 그래서 앞으로 어떻게 살아갈지 등등은 한참 먼 남의 얘기처럼 들렸습니다.

그나마 다행인 것은 수업시간만큼은 밤하늘의 별이나 쫓던 눈이 칠판에 딱, 고정되었다는 겁니다. 신기하게도 죽음과 우주에 대한 의문 사이로 국사와 세계사, 한문과 세계지리 등 인문계 과목은 비교적 쉽게 자리 잡고 반짝였습니다. 국어와 영어도 외울 게 많아서 크게 뒤처지진 않았는데 수학만큼은 좀 버거웠습니다. 원자와 우주와 죽음 사이로 방정식과 함수와 미적분이 둥둥 떠다니는 듯했으니까요.

그래도 고교 때 성적이 중학교 때보다 더 좋았습니다. 고교 입학시험에서는 13등이었는데 인문계 전체 석차는 한 자릿수를 유지한 걸 보면 그렇습니다. 당시 과외와 학원 강의가 금지된 혜택을(?) 제가 좀 누렸던 것 같습니다. 친구들이 방과 후에도 학원 강의나 과외를 받으며 학업에 매진했다면, 엉뚱한 공상에 매달려 있던 제가 그런 성적을 유지하기는 어려웠을 테니까요.

그렇게 공상과 현실 사이에서 헤매던 저는 고3이 되면서 예상치 못했던 위기(?)를 맞습니다. 아버지가 집을 담보로 지인에게 빌려준 돈이 떼이면서 이산가족이 된 것이지요. 부모님은 여동생 둘을 데리고 청량리역 옆 단칸방으로 가고 저는 평택에 홀로 남았습니다. 고등학교 졸업 때까지 같은 학교 다니는 친구 집에서 하숙을 했습니다.

한 달에 한 번 서울집에 가서 하숙비 받아 오고. 조용히 학교와 하숙집을 오가며 대학입시를 준비했습니다. 여름방학이 되자 50점 만점에 늘 40점 턱에 걸렸던 영어 대신 일본어를 선택하는 결단(?)을 내렸지요. 성적 좋은 친구들을 따라잡으려 비상수단을 썼는데 그해 학력고사에 영어가 쉽게 출제되는 바람에 폭망하고 말았습니다. 운동에는 몸치라 체력장도 20점 만점에 17점을 겨우 받았습니다. 다행스럽게, 어찌어찌 고려대 경제학과에 원서를 넣을 성적은 받아서 1년 만에 이산가족 처지는 면할 수 있었지요.

그렇게 별로 사연도 없어서 맹물처럼 밍밍했던 평택에서의 '홍기원 성장기'가 1막을 내립니다. 그리고는 35년 후에 평택에서는 '홍기원 정치'가 두 번째의 막을 올리게 됩니다.

고등학생 시절

인생의 온도 2

철드는 것도 조금 늦게

제가 대학에 들어갈 때는 입시 제도가 지금과는 비교할 수 없이 단순했습니다. 학력고사 점수와 내신등급, 체력장 점수만으로 한 개 학교에만 지원하는 방식이었습니다. 그래서 대형학원에서 만든 '대학입시배치표'를 기준으로 학교와 과를 정하는 게 보통이었습니다. 저도 아마 그렇게 고려대 경제학과를 지원했을 겁니다. '아마'라고 말씀드리는 것은, 제가 거창한(?) 목표가 있어서 전공을 경제학으로 선택하지 않아서입니다.

대학교 입학식

부끄러운 고백입니다만, 사실 저는 경영학 과목을 수강신청 할 때까지도 경제학과 경영학의 차이를 잘 몰랐습니다. 전공선택으로 경영학 원론을 들었는데, 첫 강의가 너무 재미없어서 정정신청을 할 정도였으니까요.

당시는 전두환 정권 초기로 수업 거부와 시험 거부가 일상이었고 도서관에서 공부하는 것은 독재정권에 투항하려는 배신자로 간주되는 분위기였습니다. 봄이 와도 양지바른 곳은 대부분 사복경찰이 차지하던 시절이었지요. 학생들은 그들을 피해 그늘로 지하로 숨곤 했습니다.

동문도 거의 없고, 서울 생활도 낯설고, 써클(동아리)이나 학생회 활동에도 잘 끼어들 수 없었던 저는 물에 둥둥 뜬 기름처럼 겉돌았습니다. 대단한 기대까지는 아니어도 그래도 대학에 가면 무언가 재미있고 대단한 일이 기다리고 있는 줄 알았는데, 아니더군요. 아, 초창기 저의 대학생활은 정말 재미없었습니다.

그러다 친구의 권유로 동문들이 만든 사회과학 스터디그룹에 잠깐 참여한 적도 있었습니다. 사회의식 깃든 문학작품들, '난장이가 쏘아올린 작은 공', '전태일 평전', '사랑의 기술(에리히 프롬)' 등을 읽고 토론하는 독서회 성격의 모임이었습니다. 그러나 큰 울림으로 다가오지는 않았습니다. 난쏘공의 난장이 가족들의 입장에 충분히 공감하면서도 한 걸음 더 나아가 '운동'으로 전환하는 데까지는 이르지 못한 것이지요.

훗날 읽었던 남부군과 태백산맥은 반공교육에 익숙했던 저의 생각을 교정하는 데 적지 않은 영향을 주었습니다. 이념이나 체제라는 게 그야말로 생각의 차이일 뿐이지 선악의 문제는 아니라는 생각을 많이 했습니다. 북한을 새롭게 인식하는 계기가 된 것이지요. 거기에도 '사람'이 살고 있다는 것, 그 체제는 심각한 문제가 있지만 그 체제에서 살아가는 모든 인민이 악하지는 않다는 것이었습니다. 누구든 조국을 선택해서 태어날 수는 없으니까요.

저의 이런 인식은 최소한 북한에 대한 편견을 줄여주었습니다. 나중에 제가 중국에서 탈북자들을 상대하는 영사업무를 할 때나 이후 북핵 등의 한반도 문제를 고심할 때, 동북아시아의 국제관계를 바라보는 제 시야를 넓혀주는 데 큰 도움이 되었습니다.

3학년 1학기까지 버티던 저는 학교생활이 너무 재미없어 무작정 휴학합니다. 수업을 제대로 할 수 없는 상황이어서 학점관리도 엉망이었지요. 이참에 병역 문제라도 해결하려고 알아보니 신검일자가 연말에 잡히는 바람에 몇 개월을 쉬어야 했습니다. 목적도 바라는 일도 없이, 같이 놀아줄 친구 없이 노는 게 얼마나 힘든 일인지를 이때 처음 알았습니다. 그때는 우리집이 청량리역 옆의 단칸방에서 답십리에 두 칸짜리 방으로 옮긴 뒤였습니다.

타자를 칠 줄 알면 행정병으로 가기 쉽다는 소문이 있어서 타자를 배우러 다녔습니다.

그러다 중간에 카투사 시험을 봐서 합격했는데 입대일이 보충역(일명, 방위) 입대일보다 늦어서 이것저것 고려하다가 보충역을 선택했지요. 그때 카투사를 갔다면 외교관이 되어서 겪었던 영어로 인한 고생이 줄었을지도 모르겠습니다.

신검에서 4급 판정을 받아 보충역

군 복무 당시

(방위)으로 입대했습니다. 초등학교 때부터 앓았던 화농성 중이염 때문에 그런 판정이 나왔습니다. 무려 9개월을 놀다 지쳤을 무렵 남양주 금곡의 73훈련단 인사처로 출퇴근을 하게 되었습니다. 6월항쟁이 한창이던 때는 수시로 출퇴근이 금지되고 영내에서 '긴급 출동' 대기를 해야 했습니다.

  6.29선언이 있던 그해 9월에 3학년 2학기에 복학했는데, 그때쯤에야 제가 현실을 제대로 인식하기 시작했던 것 같습니다. 이대로 살다가는 죽도 밥도 아닌 인생이 될 수도 있겠다는, 남들은 진작 가졌을 앞날에 대한 염려였지요. 우선 전공인 경제학과 친해져야겠다고 마음먹었습니다. 그랬더니 그동안 불친절했던 경제학이란 놈이 화해의 손길을 내밀더군요. 자신감이 좀 들었고 겨울방학이 되자 진지하게 고시를 생각했습니다. 왠지 민간기업에서 일하고 싶은 마음은 별로 안 들었습니다. 마침 경제학과도 화해한(?) 터라 경제관료로서 국가경제에 기여하는 전문가의 길을 걷기로 결심했습니다.

  일단 그렇게 결정하니 행로와 수순이 한 줄로 정리되더군요. 재경직 행정고시를 거쳐 경제기획원에 들어가 경제정책을 담당하는 전문가의 길이었지요. 혹시나 결심이 흔들릴지도 몰라 기업에서 보내준 추천서(기업들이 학과 사무실로 보내준 추천서만 제출하면 무난히 합격하던 호시절이었습니다)를 다른 친구한테 넘기면서 마음을 다졌습니다.

  그렇게 마음먹은 그해 12월 한 달은 처음으로 정치에 몰두했습니다. 13대 대선이 있었거든요. 김대중 후보의 보라매 연설회장에도 혼자 갔었습니다. 방위로 근무하는 동안에도 6월 항쟁의 경과를 알고 있었고, 대통령직선제에 담긴 의미가 무엇인지 알고 있던 저로서는 야당의 분열을 그냥 보고만 있을 수는 없었습니다. 노태우 후보가 대통령이 될 수도 있다는 걱정에 공정선거감시단에 참여해서 작은 힘이라도 보태야 했습니다. 우이동의 한 투표소에서 선거 과정을 지켜보았습니다. 투표소에서 중학교 때 종교 수업을 담당하던 이영자 수녀님을 조우했습니다. 우이동에 소재한 수녀원에 계신다고 했습니다.

구로구에서 부정선거를 규탄하는 밤샘 농성이 이어지면서 저도 눈에 불꽃이 튀었습니다. 민정당의 간판으로 당선된 노태우 후보를 도저히 인정할 수 없었지요. 연이틀을 학교 앞 '가투'(거리 투쟁)에 참여해 난생 처음으로 짱돌을 들고 경찰과 투석전을 벌였지만 이미 엎질러진 물이었습니다. 숱한 목숨을 바쳐 획득한 개헌과 대통령직선제였지만, 야당의 지도자들은 끝내 시민들의 열망을 받들지 못했지요.

자발적으로 처음 참여했던 '정치'에서 패퇴하고 저는 제 목표에 충실했습니다. 4학년 1학기에 정경대학 고시실에 들어가면서는 더욱 그랬지요. 집에서 도시락 두 개를 준비해서 정경대 지하에 위치한 고시실에서 아침 7시부터 밤 10시까지 매달렸습니다. 사람들마다 공부하는 스타일이 조금씩 다른데, 저는 문제 하나가 걸리면 아주 깊이 파는 스타일이어서 법 공부에 금방 익숙했지요. 공부를 할수록 더 재미가 있었는데 고시를 준비하는 저로서는 그만큼 다행한 일이 없었습니다.

이 시기, 제가 처음으로 소속감을 느끼기 시작한 이 시절이 저의 인생에 큰 모멘텀이 되었습니다. 고시실 동료들과 함께 도시락도 먹고 족구도 같이 하면서 대학생활 중 처음으로 소속감을 느낄 수 있는 시절이기도 했습니다.

어느 날 고시실 실장으로 선임되었던 선배가 시험 준비에 부담된다며 고시실을 나가버린 일이 있었는데, 후배들이 저에게 실장을 대신 맡아주도록 요청했습니다. 저도 마찬가지로 부담을 크게 느꼈지만 실장을 맡아 모의시험 문제를 출제하고 채점도 하면서 보람도 느끼고 같은 길을 가는 동료들과 끈끈한 우정 같은 것도 생겼습니다.

이 대목을 쓰면서 이 시절이, 이때 만났던 사람들이 참 그리워졌습니다. 물론 지금도 연락이 닿고 얼굴을 보는 사람도 있습니다만, 그때의 시간과 공간으로 다시 돌아갈 수는 없지요.

상황이 힘들 때는 잘 버텨내는 것이 승리하는 만큼이나 중요하지요. 책을 마무리하면서 지금도 마땅히 있어야 할 자리에서 최선을 다해 버티고 계신 분들, 더 나은 내일을 준비하는 분들께 깊이 고개 숙입니다. 그런 분들이 있어서 우리나라도, 이 아수라판 같은 정치도 내일을 기약할 수 있기 때문입니다. 건투!

세상의 온도
홍기원의 여의도 탐구생활

1판 1쇄 발행 2023년 9월 15일
지은이 : 홍기원
펴낸이 : 이종진

펴낸곳 : 비전케이피
주소 : 서울시 용산구 한강대로 98길3 KCC IT빌딩 5F
등록 : 2023년 7월 14일 제 399-2023-000061호
전화 : 02-2263-1114
이메일 : tigerdaddy@hanmail.net

값 20,000원
ISBN 979-11-984577-0-7 03800

이 책은 저작권자와의 계약에 따라 발행한 것이므로
본사의 허락 없이는 무단 전재를 금합니다.

잘못된 책은 구입하신 곳에서 바꾸어 드립니다.